Cahier d'échantillons de tissus
Publié par La Fabrique à Fil

© 2021 La Fabrique à Fil

Tous droits réservés.
Aucune partie de cette publication ne peut être copiée, reproduite, distribuée, modifiée ou transmise sous quelque forme que ce soit et par quelque moyen que ce soit.

# Ma tissuthèque

## Plus besoin de fouiller dans son stock de tissus !

Avoir un cahier permettant d'inventorier son stock de tissus présente de nombreux avantages : disposer de ses échantillons à portée de main, c'est un gain de temps précieux et cela peut aussi être un frein aux achats compulsifs.

Facilement transportable, cette tissuthèque pourra s'emporter lors de vos déplacements et ainsi, continuer à offrir une vue d'ensemble de vos tissus quel que soit l'endroit où vous vous trouvez !

## Comment retrouver un échantillon ou une fiche technique en particulier ?

Nul besoin de devoir parcourir toute la tissuthèque pour retrouver un échantillon précis. Le sommaire à personnaliser à votre convenance vous aidera à retrouver ce que vous cherchez en un coup d'œil !

Par exemple, vous pouvez décider de classer vos tissus par type de matière, armure ou motif. Pour cela, rien de plus simple, il vous suffit de reporter ce classement dans les cinq cases du sommaire prévues à cet effet !

Peu importe la logique de votre classement, ce qui compte, c'est qu'il y en ait une qui vous permette de vous y retrouver.

### SOMMAIRE

| Fiche n° | Nom du tissu | toile | serge | satin | jacquard | | Page |
|---|---|---|---|---|---|---|---|
| 1 | Drops vert - Albstoffe | ☐ | ☐ | ☐ | ☒ | ☐ | 8 |
| 2 | Carnaval | ☐ | ☐ | ☒ | ☐ | ☐ | 9 |

## Comment remplir les fiches techniques ?

Chaque fiche technique permet de collecter les informations importantes du tissu et d'y coller un échantillon.

Pour chaque tissu, vous pourrez ainsi renseigner la marque, la composition, la couleur, le métrage, le grammage, la laize, les modalités d'entretien.... mais également quand, où et à quel prix vous l'avez acheté.

# Sommaire

| Fiche n° | Nom du tissu | | | | | Page |
|----------|--------------|---|---|---|---|------|
| ............ | ............................................... | ☐ | ☐ | ☐ | ☐ | ............ |
| ............ | ............................................... | ☐ | ☐ | ☐ | ☐ | ............ |
| ............ | ............................................... | ☐ | ☐ | ☐ | ☐ | ............ |
| ............ | ............................................... | ☐ | ☐ | ☐ | ☐ | ............ |
| ............ | ............................................... | ☐ | ☐ | ☐ | ☐ | ............ |
| ............ | ............................................... | ☐ | ☐ | ☐ | ☐ | ............ |
| ............ | ............................................... | ☐ | ☐ | ☐ | ☐ | ............ |
| ............ | ............................................... | ☐ | ☐ | ☐ | ☐ | ............ |
| ............ | ............................................... | ☐ | ☐ | ☐ | ☐ | ............ |
| ............ | ............................................... | ☐ | ☐ | ☐ | ☐ | ............ |
| ............ | ............................................... | ☐ | ☐ | ☐ | ☐ | ............ |
| ............ | ............................................... | ☐ | ☐ | ☐ | ☐ | ............ |
| ............ | ............................................... | ☐ | ☐ | ☐ | ☐ | ............ |
| ............ | ............................................... | ☐ | ☐ | ☐ | ☐ | ............ |
| ............ | ............................................... | ☐ | ☐ | ☐ | ☐ | ............ |
| ............ | ............................................... | ☐ | ☐ | ☐ | ☐ | ............ |
| ............ | ............................................... | ☐ | ☐ | ☐ | ☐ | ............ |
| ............ | ............................................... | ☐ | ☐ | ☐ | ☐ | ............ |
| ............ | ............................................... | ☐ | ☐ | ☐ | ☐ | ............ |
| ............ | ............................................... | ☐ | ☐ | ☐ | ☐ | ............ |
| ............ | ............................................... | ☐ | ☐ | ☐ | ☐ | ............ |
| ............ | ............................................... | ☐ | ☐ | ☐ | ☐ | ............ |
| ............ | ............................................... | ☐ | ☐ | ☐ | ☐ | ............ |
| ............ | ............................................... | ☐ | ☐ | ☐ | ☐ | ............ |
| ............ | ............................................... | ☐ | ☐ | ☐ | ☐ | ............ |
| ............ | ............................................... | ☐ | ☐ | ☐ | ☐ | ............ |
| ............ | ............................................... | ☐ | ☐ | ☐ | ☐ | ............ |

# Sommaire

Fiche n°   Nom du tissu                                                                     Page

# Sommaire

| Fiche n° | Nom du tissu | | | | | | Page |
|---|---|---|---|---|---|---|---|

# Sommaire

| Fiche n° | Nom du tissu | | | | | | Page |
|---|---|---|---|---|---|---|---|
| ........... | ........................................................ | ☐ | ☐ | ☐ | ☐ | ☐ | ........... |
| ........... | ........................................................ | ☐ | ☐ | ☐ | ☐ | ☐ | ........... |
| ........... | ........................................................ | ☐ | ☐ | ☐ | ☐ | ☐ | ........... |
| ........... | ........................................................ | ☐ | ☐ | ☐ | ☐ | ☐ | ........... |
| ........... | ........................................................ | ☐ | ☐ | ☐ | ☐ | ☐ | ........... |
| ........... | ........................................................ | ☐ | ☐ | ☐ | ☐ | ☐ | ........... |
| ........... | ........................................................ | ☐ | ☐ | ☐ | ☐ | ☐ | ........... |
| ........... | ........................................................ | ☐ | ☐ | ☐ | ☐ | ☐ | ........... |
| ........... | ........................................................ | ☐ | ☐ | ☐ | ☐ | ☐ | ........... |
| ........... | ........................................................ | ☐ | ☐ | ☐ | ☐ | ☐ | ........... |
| ........... | ........................................................ | ☐ | ☐ | ☐ | ☐ | ☐ | ........... |
| ........... | ........................................................ | ☐ | ☐ | ☐ | ☐ | ☐ | ........... |
| ........... | ........................................................ | ☐ | ☐ | ☐ | ☐ | ☐ | ........... |
| ........... | ........................................................ | ☐ | ☐ | ☐ | ☐ | ☐ | ........... |
| ........... | ........................................................ | ☐ | ☐ | ☐ | ☐ | ☐ | ........... |
| ........... | ........................................................ | ☐ | ☐ | ☐ | ☐ | ☐ | ........... |
| ........... | ........................................................ | ☐ | ☐ | ☐ | ☐ | ☐ | ........... |
| ........... | ........................................................ | ☐ | ☐ | ☐ | ☐ | ☐ | ........... |
| ........... | ........................................................ | ☐ | ☐ | ☐ | ☐ | ☐ | ........... |
| ........... | ........................................................ | ☐ | ☐ | ☐ | ☐ | ☐ | ........... |
| ........... | ........................................................ | ☐ | ☐ | ☐ | ☐ | ☐ | ........... |
| ........... | ........................................................ | ☐ | ☐ | ☐ | ☐ | ☐ | ........... |
| ........... | ........................................................ | ☐ | ☐ | ☐ | ☐ | ☐ | ........... |
| ........... | ........................................................ | ☐ | ☐ | ☐ | ☐ | ☐ | ........... |
| ........... | ........................................................ | ☐ | ☐ | ☐ | ☐ | ☐ | ........... |
| ........... | ........................................................ | ☐ | ☐ | ☐ | ☐ | ☐ | ........... |
| ........... | ........................................................ | ☐ | ☐ | ☐ | ☐ | ☐ | ........... |
| ........... | ........................................................ | | ☐ | ☐ | ☐ | ☐ | |

# 🧵 Fiche tissu n°

**collez votre échantillon ici**

Nom du tissu : .........................................................

Description : ............................................................

Composition : ...........................................................

Couleur : ..................................................................

Poids (g/m²) : ..........................................................

Propriétés, toucher, surface, tenue : .....................
...................................................................................

Laize : ......................................................................

Métrage disponible : ..............................................

Stockage : ...............................................................

Repassage : ............................................................

Nettoyage : .............................................................

Sèche-linge : ...........................................................

Acheté le : ........................

Fournisseur : ...................
.............................................

Prix/m : ..............................

Lavé :   ◯ oui   ◯ non

## Idées de réalisation / Notes

. . . . . . . . . . . . . . . . . . . . . . . . . . . . . . . . . . . . . . . . . . .
. . . . . . . . . . . . . . . . . . . . . . . . . . . . . . . . . . . . . . . . . . .
. . . . . . . . . . . . . . . . . . . . . . . . . . . . . . . . . . . . . . . . . . .
. . . . . . . . . . . . . . . . . . . . . . . . . . . . . . . . . . . . . . . . . . .
. . . . . . . . . . . . . . . . . . . . . . . . . . . . . . . . . . . . . . . . . . .

Utilisable pour :

Pantalon ☐ ................ ☐ ................ ☐ ................ ☐
Jupe ☐ ................ ☐ ................ ☐ ................ ☐
Robe ☐ ................ ☐ ................ ☐ ................ ☐

Mercerie assortie : ............................................................
..............................................................................................

# 🧵 Fiche tissu n°

**Collez votre échantillon ici**

Nom du tissu : ..........................................

Description : ..........................................

Composition : ..........................................

Couleur : ..........................................

Poids (g/m²) : ..........................................

Propriétés, toucher, surface, tenue : ..........................................

Laize : ..........................................

Métrage disponible : ..........................................

Stockage : ..........................................

Acheté le : ..........................................

Repassage : ..........................................

Fournisseur : ..........................................

Nettoyage : ..........................................

Sèche-linge : ..........................................

Prix/m : ..........................................

Lavé :  ◯ oui    ◯ non

### Idées de réalisation / Notes

**Utilisable pour :**
- Pantalon ☐ .......... ☐ .......... ☐ .......... ☐
- Jupe ☐ .......... ☐ .......... ☐ .......... ☐
- Robe ☐ .......... ☐ .......... ☐ .......... ☐

Mercerie assortie : ..........................................

# 🧵 Fiche tissu n°

**Collez votre échantillon ici**

Nom du tissu : ..............................................................

Description : ................................................................

Composition : ...............................................................

Couleur : ......................................................................

Poids (g/m²) : ..............................................................

Propriétés, toucher, surface, tenue : ....................

......................................................................................

Laize : ..........................................................................

Métrage disponible : ................................................

Stockage : ...................................................................

Repassage : ................................................................

Nettoyage : .................................................................

Sèche-linge : ..............................................................

Lavé :   ◯ oui   ◯ non

Acheté le : ..................................................

Fournisseur : ..............................................

............................................................................

Prix/m : .......................................................

## Idées de réalisation / Notes

**Utilisable pour :**

| | | | |
|---|---|---|---|
| Pantalon ☐ .......... | ☐ .......... | ☐ .......... | ☐ |
| Jupe ☐ .......... | ☐ .......... | ☐ .......... | ☐ |
| Robe ☐ .......... | ☐ .......... | ☐ .......... | ☐ |

Mercerie assortie : ..........................................................................

# 🧵 Fiche tissu n°

**Collez votre échantillon ici**

Nom du tissu : ..................................................

Description : ....................................................

Composition : ...................................................

Couleur : ........................................................

Poids (g/m²) : ..................................................

Propriétés, toucher, surface, tenue : ...............
........................................................................

Laize : ...........................................................

Métrage disponible : ......................................

Stockage : .....................................................

Repassage : ..................................................

Nettoyage : ...................................................

Sèche-linge : .................................................

Lavé :   ○ oui    ○ non

Acheté le : ....................................................

Fournisseur : .................................................
........................................................................

Prix/m : ........................................................

### Idées de réalisation / Notes

Utilisable pour :
- Pantalon ☐ .............. ☐ .............. ☐ .............. ☐
- Jupe ☐ .............. ☐ .............. ☐ .............. ☐
- Robe ☐ .............. ☐ .............. ☐ .............. ☐

Mercerie assortie : ........................................

# 🧵 Fiche tissu n°

collez
votre échantillon
ici

Nom du tissu : ...........................................................................

Description : .............................................................................

Composition : ...........................................................................

Couleur : ..................................................................................

Poids (g/m²) : ...........................................................................

Propriétés, toucher, surface, tenue : ...............................

...................................................................................................

Laize : .......................................................................................

Métrage disponible : ...........................................................

Stockage : ...............................................................................

Acheté le : ................................................

Fournisseur : ............................................
...................................................................

Prix/m : .....................................................

Repassage : ............................................................................

Nettoyage : .............................................................................

Sèche-linge : ..........................................................................

Lavé :    ◯ oui    ◯ non

## Idées de réalisation / Notes

Utilisable pour :

Pantalon ☐ ............... ☐ ............... ☐ ............... ☐
Jupe ☐ ............... ☐ ............... ☐ ............... ☐
Robe ☐ ............... ☐ ............... ☐ ............... ☐

Mercerie assortie : ...............................................................

# Fiche tissu n°

**Collez votre échantillon ici**

Nom du tissu : ....................

Description : ....................

Composition : ....................

Couleur : ....................

Poids (g/m$^2$) : ....................

Propriétés, toucher, surface, tenue : ....................
....................

Laize : ....................

Métrage disponible : ....................

Stockage : ....................

Acheté le : ....................

Fournisseur : ....................

....................

Prix/m : ....................

Repassage : ....................

Nettoyage : ....................

Sèche-linge : ....................

Lavé :  ◯ oui   ◯ non

## Idées de réalisation / Notes

**Utilisable pour :**

Pantalon ☐ ............  ☐ ............  ☐ ............  ☐

Jupe ☐ ............  ☐ ............  ☐ ............  ☐

Robe ☐ ............  ☐ ............  ☐ ............  ☐

Mercerie assortie : ....................

# Fiche tissu n°

Collez votre échantillon ici

Nom du tissu : ..........................................................................................

Description : ............................................................................................

Composition : ..........................................................................................

Couleur : ..................................................................................................

Poids (g/m²) : ..........................................................................................

Propriétés, toucher, surface, tenue : ....................................................

..................................................................................................................

Laize : ......................................................................................................

Métrage disponible : ..............................................................................

Stockage : ................................................................................................

Repassage : .............................................................................................

Nettoyage : ..............................................................................................

Sèche-linge : ...........................................................................................

Lavé :  ◯ oui    ◯ non

Acheté le : ..........................................

Fournisseur : ......................................

..............................................................

Prix/m : ................................................

## Idées de réalisation / Notes

Utilisable pour :

Pantalon ☐ .................. ☐ .................. ☐ .................. ☐

Jupe ☐ .................. ☐ .................. ☐ .................. ☐

Robe ☐ .................. ☐ .................. ☐ .................. ☐

Mercerie assortie : ..................................................................................

# 🧵 Fiche tissu n°

collez
votre échantillon
ici

Acheté le : ..............................

Fournisseur : ..............................

..............................

Prix/m : ..............................

Nom du tissu : ..............................

Description : ..............................

Composition : ..............................

Couleur : ..............................

Poids (g/m²) : ..............................

Propriétés, toucher, surface, tenue : ..............................

..............................

Laize : ..............................

Métrage disponible : ..............................

Stockage : ..............................

Repassage : ..............................

Nettoyage : ..............................

Sèche-linge : ..............................

Lavé :  ○ oui   ○ non

## Idées de réalisation / Notes

| Utilisable pour : | | | |
|---|---|---|---|
| Pantalon ☐ .......... | ☐ .......... | ☐ .......... | ☐ .......... |
| Jupe ☐ .......... | ☐ .......... | ☐ .......... | ☐ .......... |
| Robe ☐ .......... | ☐ .......... | ☐ .......... | ☐ .......... |

Mercerie assortie : ..............................

# 🗞 Fiche tissu n°

**collez votre échantillon ici**

Nom du tissu : ..............................................................

Description : ................................................................

Composition : ...............................................................

Couleur : ......................................................................

Poids (g/m²) : ...............................................................

Propriétés, toucher, surface, tenue : ......................

........................................................................................

Laize : ..........................................................................

Métrage disponible : ..................................................

Stockage : ...................................................................

Repassage : ................................................................

Nettoyage : .................................................................

Sèche-linge : ..............................................................

Lavé :  ◯ oui    ◯ non

Acheté le : ..................................

Fournisseur : ...............................
........................................................

Prix/m : ........................................

## Idées de réalisation / Notes

### Utilisable pour :

- Pantalon ☐ ........... ☐ ........... ☐ ........... ☐
- Jupe ☐ ........... ☐ ........... ☐ ........... ☐
- Robe ☐ ........... ☐ ........... ☐ ........... ☐

Mercerie assortie : ..................................................

# Fiche tissu n°

collez votre échantillon ici

Acheté le : ........................
Fournisseur : ........................
........................
Prix/m : ........................

Nom du tissu : ........................

Description : ........................

Composition : ........................

Couleur : ........................

Poids (g/m²) : ........................

Propriétés, toucher, surface, tenue : ........................
........................

Laize : ........................

Métrage disponible : ........................

Stockage : ........................

Repassage : ........................

Nettoyage : ........................

Sèche-linge : ........................

Lavé :  ○ oui   ○ non

### Idées de réalisation / Notes

Utilisable pour :

Pantalon ☐ ........................  ☐ ........................  ☐ ........................  ☐
Jupe ☐ ........................  ☐ ........................  ☐ ........................  ☐
Robe ☐ ........................  ☐ ........................  ☐ ........................  ☐

Mercerie assortie : ........................

# 🧵 Fiche tissu n°

**Collez votre échantillon ici**

Nom du tissu : ..........................................................

Description : ............................................................

Composition : ...........................................................

Couleur : ..................................................................

Poids (g/m²) : ..........................................................

Propriétés, toucher, surface, tenue : ....................

................................................................................

Laize : ......................................................................

Métrage disponible : ...............................................

Stockage : ...............................................................

Repassage : .............................................................

Nettoyage : ..............................................................

Sèche-linge : ............................................................

Lavé :   ◯ oui    ◯ non

Acheté le : ..............................

Fournisseur : ..........................

....................................................

Prix/m : ....................................

### Idées de réalisation / Notes

. . . . . . . . . . . . . . . . . . . . . . . . . . . .
. . . . . . . . . . . . . . . . . . . . . . . . . . . .
. . . . . . . . . . . . . . . . . . . . . . . . . . . .
. . . . . . . . . . . . . . . . . . . . . . . . . . . .

**Utilisable pour :**

Pantalon ☐   ............ ☐   ............ ☐   ............ ☐

Jupe ☐   ............ ☐   ............ ☐   ............ ☐

Robe ☐   ............ ☐   ............ ☐   ............ ☐

Mercerie assortie : ....................................................

................................................................................

# 🧵 Fiche tissu n°

**collez votre échantillon ici**

Nom du tissu : ........................................................

Description : ..........................................................

Composition : ........................................................

Couleur : ................................................................

Poids (g/m²) : ........................................................

Propriétés, toucher, surface, tenue : ...............

................................................................................

Laize : ....................................................................

Métrage disponible : ............................................

Stockage : ..............................................................

Acheté le : ........................................

Repassage : ..........................................................

Fournisseur : ....................................

Nettoyage : ............................................................

........................................................

Sèche-linge : ........................................................

Prix/m : ..............................................

Lavé :  ◯ oui   ◯ non

## Idées de réalisation / Notes

Utilisable pour :

Pantalon ☐  ........................... ☐  ........................... ☐  ........................... ☐

Jupe ☐  ........................... ☐  ........................... ☐  ........................... ☐

Robe ☐  ........................... ☐  ........................... ☐  ........................... ☐

Mercerie assortie : ..................................................................................................

................................................................................................................................

# 🧵 Fiche tissu n°

**Collez votre échantillon ici**

Acheté le : ..................................................
Fournisseur : ...............................................
...........................................................................
Prix/m : ......................................................

Nom du tissu : .............................................................
Description : ................................................................
Composition : ..............................................................
Couleur : .....................................................................
Poids (g/m²) : ..............................................................
Propriétés, toucher, surface, tenue : ........................
...........................................................................................
Laize : .........................................................................
Métrage disponible : .................................................
Stockage : ..................................................................
Repassage : ...............................................................
Nettoyage : ................................................................
Sèche-linge : ..............................................................
Lavé :   ◯ oui   ◯ non

## Idées de réalisation / Notes

. . . . . . . . . . . . . . . . . . . . . . . . . . . .
. . . . . . . . . . . . . . . . . . . . . . . . . . . .
. . . . . . . . . . . . . . . . . . . . . . . . . . . .
. . . . . . . . . . . . . . . . . . . . . . . . . . . .
. . . . . . . . . . . . . . . . . . . . . . . . . . . .

**Utilisable pour :**

| | | | |
|---|---|---|---|
| Pantalon ☐ ......... | ☐ ......... | ☐ ......... | ☐ |
| Jupe ☐ ......... | ☐ ......... | ☐ ......... | ☐ |
| Robe ☐ ......... | ☐ ......... | ☐ ......... | ☐ |

Mercerie assortie : ..............................................................................................................
...................................................................................................................................................

# 🧵 Fiche tissu n°

collez votre échantillon ici

Acheté le : ..................
Fournisseur : ..................
..................
Prix/m : ..................

Nom du tissu : ..................
Description : ..................
Composition : ..................
Couleur : ..................
Poids (g/m²) : ..................
Propriétés, toucher, surface, tenue : ..................
..................
Laize : ..................
Métrage disponible : ..................
Stockage : ..................
Repassage : ..................
Nettoyage : ..................
Sèche-linge : ..................
Lavé :  ○ oui   ○ non

## Idées de réalisation / Notes

Utilisable pour :
- Pantalon ☐ .......... ☐ .......... ☐ .......... ☐
- Jupe ☐ .......... ☐ .......... ☐ .......... ☐
- Robe ☐ .......... ☐ .......... ☐ .......... ☐

Mercerie assortie : ..................

# Fiche tissu n°

collez votre échantillon ici

Nom du tissu : ..............................................

Description : ................................................

Composition : ................................................

Couleur : ....................................................

Poids (g/m²) : ...............................................

Propriétés, toucher, surface, tenue : .......................

..............................................................

Laize : .......................................................

Métrage disponible : .........................................

Stockage : ...................................................

Repassage : ..................................................

Nettoyage : ..................................................

Sèche-linge : ................................................

Acheté le : ..................................................

Fournisseur : ................................................

..............................................................

Prix/m : .....................................................

Lavé :   ◯ oui   ◯ non

### Idées de réalisation / Notes

..............................................................
..............................................................
..............................................................
..............................................................
..............................................................

Utilisable pour :

Pantalon ☐ ........... ☐ ........... ☐ ........... ☐
Jupe ☐ ........... ☐ ........... ☐ ........... ☐
Robe ☐ ........... ☐ ........... ☐ ........... ☐

Mercerie assortie : ..........................................

..............................................................

# 🧻 Fiche tissu n°

**Collez votre échantillon ici**

Acheté le : ..................

Fournisseur : ..................

Prix/m : ..................

Nom du tissu : ..................

Description : ..................

Composition : ..................

Couleur : ..................

Poids (g/m²) : ..................

Propriétés, toucher, surface, tenue : ..................

..................

Laize : ..................

Métrage disponible : ..................

Stockage : ..................

Repassage : ..................

Nettoyage : ..................

Sèche-linge : ..................

Lavé :   ◯ oui    ◯ non

## Idées de réalisation / Notes

---

**Utilisable pour :**

- Pantalon ☐ .......... ☐ .......... ☐ .......... ☐
- Jupe ☐ .......... ☐ .......... ☐ .......... ☐
- Robe ☐ .......... ☐ .......... ☐ .......... ☐

Mercerie assortie : ..................

# Fiche tissu n°

collez votre échantillon ici

Nom du tissu : ..........................................................

Description : ..........................................................

Composition : ..........................................................

Couleur : ..........................................................

Poids (g/m²) : ..........................................................

Propriétés, toucher, surface, tenue : ..........................................................

Laize : ..........................................................

Métrage disponible : ..........................................................

Stockage : ..........................................................

Repassage : ..........................................................

Nettoyage : ..........................................................

Sèche-linge : ..........................................................

Lavé :   ◯ oui   ◯ non

Acheté le : ..........................................................

Fournisseur : ..........................................................

Prix/m : ..........................................................

## Idées de réalisation / Notes

Utilisable pour :

Pantalon ☐ ..................  ☐ ..................  ☐ ..................  ☐

Jupe ☐ ..................  ☐ ..................  ☐ ..................  ☐

Robe ☐ ..................  ☐ ..................  ☐ ..................  ☐

Mercerie assortie : ..........................................................

# 🧵 Fiche tissu n°

Collez votre échantillon ici

Nom du tissu : ..........................................................

Description : ............................................................

Composition : ...........................................................

Couleur : ..................................................................

Poids (g/m²) : ...........................................................

Propriétés, toucher, surface, tenue : ......................
..................................................................................

Laize : ......................................................................

Métrage disponible : ...............................................

Stockage : ...............................................................

Acheté le : ..........................

Fournisseur : ......................
..............................................

Prix/m : ................................

Repassage : ............................................................

Nettoyage : .............................................................

Sèche-linge : ...........................................................

Lavé :  ◯ oui   ◯ non

## Idées de réalisation / Notes

Utilisable pour :
- Pantalon ☐  ........  ☐  ........  ☐  ........  ☐
- Jupe ☐  ........  ☐  ........  ☐  ........  ☐
- Robe ☐  ........  ☐  ........  ☐  ........  ☐

Mercerie assortie : ...........................................................................

# Fiche tissu n°

collez votre échantillon ici

Acheté le : ..................................
Fournisseur : ..................................
..................................
Prix/m : ..................................

Nom du tissu : ..................................
Description : ..................................
Composition : ..................................
Couleur : ..................................
Poids (g/m²) : ..................................
Propriétés, toucher, surface, tenue : ..................................
..................................
Laize : ..................................
Métrage disponible : ..................................
Stockage : ..................................
Repassage : ..................................
Nettoyage : ..................................
Sèche-linge : ..................................
Lavé :   ◯ oui   ◯ non

## Idées de réalisation / Notes

Utilisable pour :
Pantalon ☐ .......... ☐ .......... ☐ .......... ☐ ..........
Jupe ☐ .......... ☐ .......... ☐ .......... ☐ ..........
Robe ☐ .......... ☐ .......... ☐ .......... ☐ ..........

Mercerie assortie : ..................................
..................................

# 🗞 Fiche tissu n°

collez
votre échantillon
ici

Nom du tissu : ................................................

Description : ..................................................

Composition : .................................................

Couleur : .......................................................

Poids (g/m²) : ................................................

Propriétés, toucher, surface, tenue : ................
....................................................................

Laize : ..........................................................

Métrage disponible : ......................................

Stockage : ....................................................

Acheté le : ..................

Fournisseur : ................
....................................................................

Prix/m : ......................

Repassage : .................................................

Nettoyage : .................................................

Sèche-linge : ................................................

Lavé :  ⃝ oui   ⃝ non

### Idées de réalisation / Notes

| Utilisable pour : | | | | |
|---|---|---|---|---|
| Pantalon ☐ | ............ ☐ | ............ ☐ | ............ ☐ | ☐ |
| Jupe ☐ | ............ ☐ | ............ ☐ | ............ ☐ | ☐ |
| Robe ☐ | ............ ☐ | ............ ☐ | ............ ☐ | ☐ |

Mercerie assortie : ........................................

# Fiche tissu n°

Collez votre échantillon ici

Nom du tissu : ..........................................................................

Description : ............................................................................

Composition : ...........................................................................

Couleur : ..................................................................................

Poids (g/m²) : ...........................................................................

Propriétés, toucher, surface, tenue : ......................................
................................................................................................

Laize : ......................................................................................

Métrage disponible : ................................................................

Stockage : ...............................................................................

Repassage : ............................................................................

Nettoyage : .............................................................................

Sèche-linge : ...........................................................................

Lavé :  ◯ oui    ◯ non

Acheté le : ..................
Fournisseur : .............................
................................................
Prix/m : ....................................

## Idées de réalisation / Notes

**Utilisable pour :**

- Pantalon ☐ ............ ☐ ............ ☐ ............ ☐
- Jupe ☐ ............ ☐ ............ ☐ ............ ☐
- Robe ☐ ............ ☐ ............ ☐ ............ ☐

Mercerie assortie : ....................................................................

# 🧵 Fiche tissu n°

Collez votre échantillon ici

Nom du tissu : ..........................................

Description : ..........................................

Composition : ..........................................

Couleur : ..........................................

Poids (g/m²) : ..........................................

Propriétés, toucher, surface, tenue : ..........................................

..........................................

Laize : ..........................................

Métrage disponible : ..........................................

Stockage : ..........................................

Acheté le : ..........................................

Fournisseur : ..........................................

..........................................

Prix/m : ..........................................

Repassage : ..........................................

Nettoyage : ..........................................

Sèche-linge : ..........................................

Lavé :  ◯ oui   ◯ non

## Idées de réalisation / Notes

Utilisable pour :

- Pantalon ☐ .................... ☐ .................... ☐ .................... ☐
- Jupe ☐ .................... ☐ .................... ☐ .................... ☐
- Robe ☐ .................... ☐ .................... ☐ .................... ☐

Mercerie assortie : ..........................................

# Fiche tissu n°

Collez votre échantillon ici

Nom du tissu : ..............................................................

Description : ................................................................

Composition : ...............................................................

Couleur : .......................................................................

Poids (g/m²) : ...............................................................

Propriétés, toucher, surface, tenue : .....................

..............................................................................................

Laize : ............................................................................

Métrage disponible : ..............................................

Stockage : ....................................................................

Repassage : .................................................................

Nettoyage : .................................................................

Sèche-linge : ..............................................................

Lavé :   ◯ oui   ◯ non

Acheté le : ..................................

Fournisseur : ..............................

........................................................

Prix/m : ........................................

## Idées de réalisation / Notes

| Utilisable pour : | | | | |
|---|---|---|---|---|
| Pantalon ☐ | ........ | ☐ ........ | ☐ ........ | ☐ ........ |
| Jupe ☐ | ........ | ☐ ........ | ☐ ........ | ☐ ........ |
| Robe ☐ | ........ | ☐ ........ | ☐ ........ | ☐ ........ |

Mercerie assortie : ...........................................................

# Fiche tissu n°

collez votre échantillon ici

Nom du tissu : ...........................................................

Description : .............................................................

Composition : ............................................................

Couleur : ...................................................................

Poids (g/m²) : ............................................................

Propriétés, toucher, surface, tenue : .......................

...................................................................................

Laize : ........................................................................

Métrage disponible : ...............................................

Stockage : .................................................................

Acheté le : ........................

Fournisseur : ....................

............................................

Prix/m : .............................

Repassage : ..............................................................

Nettoyage : ...............................................................

Sèche-linge : .............................................................

Lavé :   ○ oui   ○ non

### Idées de réalisation / Notes

**Utilisable pour :**

Pantalon ☐ .................... ☐ .................... ☐ .................... ☐

Jupe ☐ .................... ☐ .................... ☐ .................... ☐

Robe ☐ .................... ☐ .................... ☐ .................... ☐

Mercerie assortie : ........................................................................

# 🧵 Fiche tissu n°

```
collez
votre échantillon
ici
```

Nom du tissu : ........................................................

Description : ..........................................................

Composition : ........................................................

Couleur : ................................................................

Poids (g/m²) : .......................................................

Propriétés, toucher, surface, tenue : ...............

..................................................................................

Laize : ....................................................................

Métrage disponible : ..........................................

Stockage : .............................................................

Acheté le : ........................................

Fournisseur : ....................................

............................................................

Prix/m : .............................................

Repassage : .........................................................

Nettoyage : .........................................................

Sèche-linge : .......................................................

Lavé :   ◯ oui   ◯ non

## Idées de réalisation / Notes

| Utilisable pour : | | | |
|---|---|---|---|
| Pantalon ☐ ........... | ☐ ........... | ☐ ........... | ☐ ........... |
| Jupe ☐ ........... | ☐ ........... | ☐ ........... | ☐ ........... |
| Robe ☐ ........... | ☐ ........... | ☐ ........... | ☐ ........... |

Mercerie assortie : ...........................................................................

# Fiche tissu n°

collez votre échantillon ici

Acheté le : .................................

Fournisseur : .................................

.................................

Prix/m : .................................

Nom du tissu : .................................

Description : .................................

Composition : .................................

Couleur : .................................

Poids (g/m²) : .................................

Propriétés, toucher, surface, tenue : .................................

.................................

Laize : .................................

Métrage disponible : .................................

Stockage : .................................

Repassage : .................................

Nettoyage : .................................

Sèche-linge : .................................

Lavé :   ◯ oui   ◯ non

## Idées de réalisation / Notes

Utilisable pour :

Pantalon ☐ ............ ☐ ............ ☐ ............ ☐

Jupe ☐ ............ ☐ ............ ☐ ............ ☐

Robe ☐ ............ ☐ ............ ☐ ............ ☐

Mercerie assortie : .................................

.................................

# Fiche tissu n°

**collez votre échantillon ici**

Nom du tissu : ..................................................

Description : ....................................................

Composition : ...................................................

Couleur : ........................................................

Poids (g/m²) : ..................................................

Propriétés, toucher, surface, tenue : ..............

........................................................................

Laize : ...........................................................

Métrage disponible : .....................................

Stockage : ....................................................

Acheté le : ..................................

Fournisseur : ...............................

..................................................

Prix/m : .......................................

Repassage : .................................................

Nettoyage : ..................................................

Sèche-linge : ................................................

Lavé :  ◯ oui    ◯ non

## Idées de réalisation / Notes

**Utilisable pour :**

Pantalon ☐ .................... ☐ .................... ☐ .................... ☐

Jupe ☐ .................... ☐ .................... ☐ .................... ☐

Robe ☐ .................... ☐ .................... ☐ .................... ☐

Mercerie assortie : .........................................................................

........................................................................

# Fiche tissu n°

Collez votre échantillon ici

Acheté le : ..................
Fournisseur : ..................
..................
Prix/m : ..................

Nom du tissu : ..................
Description : ..................
Composition : ..................
Couleur : ..................
Poids (g/m²) : ..................
Propriétés, toucher, surface, tenue : ..................
..................
Laize : ..................
Métrage disponible : ..................
Stockage : ..................
Repassage : ..................
Nettoyage : ..................
Sèche-linge : ..................
Lavé :  ◯ oui   ◯ non

## Idées de réalisation / Notes

Utilisable pour :
- Pantalon ☐  ..... ☐  ..... ☐  ..... ☐
- Jupe ☐  ..... ☐  ..... ☐  ..... ☐
- Robe ☐  ..... ☐  ..... ☐  ..... ☐

Mercerie assortie : ..................
..................

# 🧵 Fiche tissu n°

Collez votre échantillon ici

Nom du tissu : ........................................................

Description : ........................................................

Composition : ........................................................

Couleur : ........................................................

Poids (g/m²) : ........................................................

Propriétés, toucher, surface, tenue : ................

........................................................................................

Laize : ........................................................

Métrage disponible : ........................................................

Stockage : ........................................................

Repassage : ........................................................

Nettoyage : ........................................................

Sèche-linge : ........................................................

Lavé :   ◯ oui   ◯ non

Acheté le : ........................................................
Fournisseur : ........................................................
........................................................
Prix/m : ........................................................

## Idées de réalisation / Notes

..........................................................................
..........................................................................
..........................................................................
..........................................................................

### Utilisable pour :

Pantalon ☐ .................... ☐ .................... ☐ .................... ☐
Jupe ☐ .................... ☐ .................... ☐ .................... ☐
Robe ☐ .................... ☐ .................... ☐ .................... ☐

Mercerie assortie : ........................................................

........................................................

# 🧵 Fiche tissu n°

*Collez votre échantillon ici*

Nom du tissu : ........................................................

Description : ........................................................

Composition : ........................................................

Couleur : ........................................................

Poids (g/m²) : ........................................................

Propriétés, toucher, surface, tenue : ........................................................
........................................................

Laize : ........................................................

Métrage disponible : ........................................................

Stockage : ........................................................

Repassage : ........................................................

Nettoyage : ........................................................

Sèche-linge : ........................................................

Lavé :  ◯ oui   ◯ non

Acheté le : ........................................................

Fournisseur : ........................................................
........................................................

Prix/m : ........................................................

## Idées de réalisation / Notes

. . . . . . . . . . . . . . . . . . . . . . . . . . . . . . . . . . . . . . . . . . . . . . . . . . .

Utilisable pour :

| Pantalon ☐ | ........ ☐ | ........ ☐ | ........ ☐ | ........ ☐ |
| Jupe ☐ | ........ ☐ | ........ ☐ | ........ ☐ | ........ ☐ |
| Robe ☐ | ........ ☐ | ........ ☐ | ........ ☐ | ........ ☐ |

Mercerie assortie : ........................................................
........................................................

# 🧵 Fiche tissu n°

collez votre échantillon ici

Nom du tissu : ..........................................................................

Description : ............................................................................

Composition : ...........................................................................

Couleur : ..................................................................................

Poids (g/m²) : ..........................................................................

Propriétés, toucher, surface, tenue : ...............................

................................................................................................

Laize : ......................................................................................

Métrage disponible : ...............................................................

Stockage : ................................................................................

Acheté le : ..........................................

Fournisseur : .......................................

.............................................................

Prix/m : ................................................

Repassage : .............................................................................

Nettoyage : ..............................................................................

Sèche-linge : ............................................................................

Lavé :  ◯ oui   ◯ non

## Idées de réalisation / Notes

. . . . . . . . . . . . . . . . . . . . . . . . . . . . . . . . . . . . . . . .
. . . . . . . . . . . . . . . . . . . . . . . . . . . . . . . . . . . . . . . . .
. . . . . . . . . . . . . . . . . . . . . . . . . . . . . . . . . . . . . . . . .
. . . . . . . . . . . . . . . . . . . . . . . . . . . . . . . . . . . . . . . . .
. . . . . . . . . . . . . . . . . . . . . . . . . . . . . . . . . . . . . . . . .

Utilisable pour :

Pantalon ☐ ............  ☐ ............  ☐ ............  ☐ ............
Jupe ☐ ............  ☐ ............  ☐ ............  ☐ ............
Robe ☐ ............  ☐ ............  ☐ ............  ☐ ............

Mercerie assortie : ......................................................................

...................................................................................................

# 🧵 Fiche tissu n°

*collez votre échantillon ici*

Nom du tissu : ..........................................................

Description : ............................................................

Composition : ...........................................................

Couleur : .................................................................

Poids (g/m²) : ..........................................................

Propriétés, toucher, surface, tenue : ......................
..................................................................................

Laize : .....................................................................

Métrage disponible : ...............................................

Stockage : ...............................................................

Repassage : ............................................................

Nettoyage : .............................................................

Sèche-linge : ..........................................................

Lavé :   ◯ oui    ◯ non

Acheté le : ..........................

Fournisseur : ......................
............................................

Prix/m : ...............................

## Idées de réalisation / Notes

.....................................................................................
.....................................................................................
.....................................................................................
.....................................................................................

| Utilisable pour : | | | |
|---|---|---|---|
| Pantalon ☐ ......... | ☐ ......... | ☐ ......... | ☐ ......... |
| Jupe ☐ ......... | ☐ ......... | ☐ ......... | ☐ ......... |
| Robe ☐ ......... | ☐ ......... | ☐ ......... | ☐ ......... |

Mercerie assortie : ..................................................
.....................................................................................

# 🧵 Fiche tissu n°

**collez votre échantillon ici**

Nom du tissu : ........................................................

Description : ........................................................

Composition : ........................................................

Couleur : ........................................................

Poids (g/m²) : ........................................................

Propriétés, toucher, surface, tenue : ........................

........................................................

Laize : ........................................................

Métrage disponible : ........................................................

Stockage : ........................................................

Acheté le : ........................................................

Fournisseur : ........................................................

Repassage : ........................................................

Nettoyage : ........................................................

Sèche-linge : ........................................................

Prix/m : ........................................................

Lavé :  ○ oui   ○ non

## Idées de réalisation / Notes

. . . . . . . . . . . . . . . . . . . . . . . . . . . . . . . . . . . . . . . . . . . . . . . . . . . . . . . . . . . . . . . . . . . . . . . . . . . . . . . . . . . . . . . . . . . . . . . . . . . . . . . . . . . . . . . . . . . . . . . . . . . . . . . . . . . . . . . . . . . . . . . . . . . . . . . . . . . . . . . . . . . . . . . . . . . . . . . . . . . . . . . . . . . . . . . . . . . . . . . . . . .

Utilisable pour :

Pantalon ☐ ............  ☐ ............  ☐ ............  ☐ ............

Jupe ☐ ............  ☐ ............  ☐ ............  ☐ ............

Robe ☐ ............  ☐ ............  ☐ ............  ☐ ............

Mercerie assortie : ........................................................

........................................................

# Fiche tissu n°

collez
votre échantillon
ici

Nom du tissu : ...........................................................

Description : .............................................................

Composition : ............................................................

Couleur : ..................................................................

Poids (g/m²) : ...........................................................

Propriétés, toucher, surface, tenue : ......................
..................................................................................

Laize : ......................................................................

Métrage disponible : ................................................

Stockage : ................................................................

Acheté le : ..............................

Fournisseur : ..........................
..................................................

Prix/m : ...................................

Repassage : ..............................................................

Nettoyage : ...............................................................

Sèche-linge : ............................................................

Lavé :  ◯ oui    ◯ non

### Idées de réalisation / Notes

| Utilisable pour : | | | | | | | |
|---|---|---|---|---|---|---|---|
| Pantalon | ☐ | ............ | ☐ | ............ | ☐ | ............ | ☐ |
| Jupe | ☐ | ............ | ☐ | ............ | ☐ | ............ | ☐ |
| Robe | ☐ | ............ | ☐ | ............ | ☐ | ............ | ☐ |

Mercerie assortie : ...................................................

# 🧵 Fiche tissu n°

**Collez votre échantillon ici**

Nom du tissu : ................................................................

Description : ..................................................................

Composition : .................................................................

Couleur : ........................................................................

Poids (g/m²) : .................................................................

Propriétés, toucher, surface, tenue : ..................................
........................................................................................

Laize : ...........................................................................

Métrage disponible : ......................................................

Stockage : .....................................................................

Repassage : ...................................................................

Nettoyage : ...................................................................

Sèche-linge : .................................................................

Lavé :   ◯ oui    ◯ non

Acheté le : ...........................................

Fournisseur : .......................................
..............................................................

Prix/m : ................................................

## Idées de réalisation / Notes

. . . . . . . . . . . . . . . . . . . . .
. . . . . . . . . . . . . . . . . . . . .
. . . . . . . . . . . . . . . . . . . . .
. . . . . . . . . . . . . . . . . . . . .
. . . . . . . . . . . . . . . . . . . . .

**Utilisable pour :**

| Pantalon ☐ ........... | ☐ ........... | ☐ ........... | ☐ ........... |
| Jupe ☐ ........... | ☐ ........... | ☐ ........... | ☐ ........... |
| Robe ☐ ........... | ☐ ........... | ☐ ........... | ☐ ........... |

Mercerie assortie : ........................................................

..................................................................................

# 🗒 Fiche tissu n°

collez
votre échantillon
ici

Acheté le : ..................
Fournisseur : ..................
..................
Prix/m : ..................

Nom du tissu : ..................
Description : ..................
Composition : ..................
Couleur : ..................
Poids (g/m²) : ..................
Propriétés, toucher, surface, tenue : ..................
..................
Laize : ..................
Métrage disponible : ..................
Stockage : ..................
Repassage : ..................
Nettoyage : ..................
Sèche-linge : ..................
Lavé :   ◯ oui   ◯ non

### Idées de réalisation / Notes

| Utilisable pour : | | | | |
|---|---|---|---|---|
| Pantalon ☐ | .......... ☐ | .......... ☐ | .......... ☐ | .......... ☐ |
| Jupe ☐ | .......... ☐ | .......... ☐ | .......... ☐ | .......... ☐ |
| Robe ☐ | .......... ☐ | .......... ☐ | .......... ☐ | .......... ☐ |

Mercerie assortie : ..................

# Fiche tissu n°

collez votre échantillon ici

Acheté le : ..................................
Fournisseur : ..................................
..................................
Prix/m : ..................................

Nom du tissu : ..................................
Description : ..................................
Composition : ..................................
Couleur : ..................................
Poids (g/m²) : ..................................
Propriétés, toucher, surface, tenue : ..................................
..................................
Laize : ..................................
Métrage disponible : ..................................
Stockage : ..................................
Repassage : ..................................
Nettoyage : ..................................
Sèche-linge : ..................................
Lavé :   ◯ oui   ◯ non

## Idées de réalisation / Notes

Utilisable pour :
Pantalon ☐ .......... ☐ .......... ☐ .......... ☐
Jupe ☐ .......... ☐ .......... ☐ .......... ☐
Robe ☐ .......... ☐ .......... ☐ .......... ☐

Mercerie assortie : ..................................

# Fiche tissu n°

collez votre échantillon ici

Acheté le : ..................
Fournisseur : ..................

Prix/m : ..................

Nom du tissu : ..................
Description : ..................
Composition : ..................
Couleur : ..................
Poids (g/m²) : ..................
Propriétés, toucher, surface, tenue : ..................
..................
Laize : ..................
Métrage disponible : ..................
Stockage : ..................
Repassage : ..................
Nettoyage : ..................
Sèche-linge : ..................
Lavé :   ◯ oui   ◯ non

### Idées de réalisation / Notes

Utilisable pour :
- Pantalon ☐ .......... ☐ .......... ☐ .......... ☐
- Jupe ☐ .......... ☐ .......... ☐ .......... ☐
- Robe ☐ .......... ☐ .......... ☐ .......... ☐

Mercerie assortie : ..................

# 🧵 Fiche tissu n°

**collez votre échantillon ici**

Nom du tissu : ...........................................................................

Description : ..............................................................................

Composition : ............................................................................

Couleur : ....................................................................................

Poids (g/m²) : ............................................................................

Propriétés, toucher, surface, tenue : ......................

....................................................................................................

Laize : .........................................................................................

Métrage disponible : ............................................................

Stockage : .................................................................................

Repassage : ..............................................................................

Nettoyage : ...............................................................................

Sèche-linge : ............................................................................

Acheté le : ............................

Fournisseur : ........................

....................................................

Prix/m : ...................................

Lavé :   ◯ oui    ◯ non

## Idées de réalisation / Notes

.

.

.

.

| Utilisable pour : | | | |
|---|---|---|---|
| Pantalon ☐ ............ | ☐ ............ | ☐ ............ | ☐ ............ |
| Jupe ☐ ............ | ☐ ............ | ☐ ............ | ☐ ............ |
| Robe ☐ ............ | ☐ ............ | ☐ ............ | ☐ ............ |

Mercerie assortie : ..........................................................................................

................................................................................................................................

# 🧵 Fiche tissu n°

**Collez votre échantillon ici**

Nom du tissu : ..................................................

Description : ....................................................

Composition : ...................................................

Couleur : ..........................................................

Poids (g/m²) : ...................................................

Propriétés, toucher, surface, tenue : ................
..........................................................................

Laize : ...............................................................

Métrage disponible : ......................................

Stockage : .......................................................

Repassage : ....................................................

Nettoyage : .....................................................

Sèche-linge : ..................................................

Lavé :   ○ oui    ○ non

Acheté le : ..................

Fournisseur : ...............
....................................

Prix/m : ........................

## Idées de réalisation / Notes

. . . . . . . . . . . . . . . . . . . . . . . . . . . . . . . . . . . . . . . .
. . . . . . . . . . . . . . . . . . . . . . . . . . . . . . . . . . . . . . . . .
. . . . . . . . . . . . . . . . . . . . . . . . . . . . . . . . . . . . . . . . .
. . . . . . . . . . . . . . . . . . . . . . . . . . . . . . . . . . . . . . . . .
. . . . . . . . . . . . . . . . . . . . . . . . . . . . . . . . . . . . . . . . .

**Utilisable pour :**

Pantalon ☐ ............ ☐ ............ ☐ ............ ☐
Jupe ☐ ............ ☐ ............ ☐ ............ ☐
Robe ☐ ............ ☐ ............ ☐ ............ ☐

Mercerie assortie : .........................................

# 🧵 Fiche tissu n°

collez
votre échantillon
ici

Nom du tissu : ..................................................

Description : ....................................................

Composition : ...................................................

Couleur : .........................................................

Poids (g/m²) : ..................................................

Propriétés, toucher, surface, tenue : ................

........................................................................

Laize : .............................................................

Métrage disponible : ........................................

Stockage : ......................................................

Repassage : ...................................................

Nettoyage : ....................................................

Sèche-linge : ..................................................

Lavé :   ○ oui    ○ non

Acheté le : ......................................................

Fournisseur : ..................................................

........................................................................

Prix/m : ...........................................................

### Idées de réalisation / Notes

Utilisable pour :
- Pantalon ☐ .......... ☐ .......... ☐ .......... ☐ ..........
- Jupe ☐ .......... ☐ .......... ☐ .......... ☐ ..........
- Robe ☐ .......... ☐ .......... ☐ .......... ☐ ..........

Mercerie assortie : ..........................................

# 🧵 Fiche tissu n°

Collez votre échantillon ici

Acheté le : ..................................
Fournisseur : ..................................
..................................
Prix/m : ..................................

Nom du tissu : ..................................
Description : ..................................
Composition : ..................................
Couleur : ..................................
Poids (g/m²) : ..................................
Propriétés, toucher, surface, tenue : ..................................
..................................
Laize : ..................................
Métrage disponible : ..................................
Stockage : ..................................
Repassage : ..................................
Nettoyage : ..................................
Sèche-linge : ..................................
Lavé :  ◯ oui   ◯ non

## Idées de réalisation / Notes

**Utilisable pour :**
- Pantalon ☐ ..................  ☐ ..................  ☐ ..................  ☐
- Jupe ☐ ..................  ☐ ..................  ☐ ..................  ☐
- Robe ☐ ..................  ☐ ..................  ☐ ..................  ☐

Mercerie assortie : ..................................
..................................

# Fiche tissu n°

collez votre échantillon ici

Nom du tissu : ..............................................

Description : ..................................................

Composition : .................................................

Couleur : .........................................................

Poids (g/m²) : .................................................

Propriétés, toucher, surface, tenue : ..............
..........................................................................

Laize : ..............................................................

Métrage disponible : .....................................

Stockage : .......................................................

Acheté le : ..................................

Fournisseur : ..............................
............................................................

Prix/m : .......................................

Repassage : ...................................................

Nettoyage : ....................................................

Sèche-linge : ..................................................

Lavé :   ○ oui   ○ non

### Idées de réalisation / Notes

| Utilisable pour : | | | | |
|---|---|---|---|---|
| Pantalon | ☐ .......... | ☐ .......... | ☐ .......... | ☐ .......... |
| Jupe | ☐ .......... | ☐ .......... | ☐ .......... | ☐ .......... |
| Robe | ☐ .......... | ☐ .......... | ☐ .......... | ☐ .......... |

Mercerie assortie : ......................................................
..........................................................................

# Fiche tissu n°

collez
votre échantillon
ici

Acheté le : ..................
Fournisseur : ..................
..................
Prix/m : ..................

Nom du tissu : ..................
Description : ..................
Composition : ..................
Couleur : ..................
Poids (g/m²) : ..................
Propriétés, toucher, surface, tenue : ..................
..................
Laize : ..................
Métrage disponible : ..................
Stockage : ..................
Repassage : ..................
Nettoyage : ..................
Sèche-linge : ..................
Lavé :   ○ oui   ○ non

### Idées de réalisation / Notes

| Utilisable pour : | | | |
|---|---|---|---|
| Pantalon ☐ | ☐ .......... | ☐ .......... | ☐ .......... |
| Jupe ☐ | ☐ .......... | ☐ .......... | ☐ .......... |
| Robe ☐ | ☐ .......... | ☐ .......... | ☐ .......... |

Mercerie assortie : ..................

# 🧵 Fiche tissu n°

collez
votre échantillon
ici

Nom du tissu : ..................................................
Description : ....................................................
Composition : ...................................................
Couleur : ..........................................................
Poids (g/m²) : ...................................................
Propriétés, toucher, surface, tenue : ................
..........................................................................
Laize : ..............................................................
Métrage disponible : .......................................
Stockage : .......................................................
Repassage : ....................................................
Nettoyage : .....................................................
Sèche-linge : ...................................................
Lavé :     ◯ oui     ◯ non

Acheté le : ..................
Fournisseur : ..............
........................................
Prix/m : ......................

## Idées de réalisation / Notes

| Utilisable pour : | | | | |
|---|---|---|---|---|
| Pantalon ☐ | ............ ☐ | ............ ☐ | ............ ☐ | ............ ☐ |
| Jupe ☐ | ............ ☐ | ............ ☐ | ............ ☐ | ............ ☐ |
| Robe ☐ | ............ ☐ | ............ ☐ | ............ ☐ | ............ ☐ |

Mercerie assortie : ..................................................................
............................................................................................

# Fiche tissu n°

Collez votre échantillon ici

Nom du tissu : ..................................................

Description : ....................................................

Composition : ...................................................

Couleur : .........................................................

Poids (g/m²) : ...................................................

Propriétés, toucher, surface, tenue : ...................

........................................................................

Laize : .............................................................

Métrage disponible : .........................................

Stockage : .......................................................

Acheté le : ..............................

Fournisseur : ............................

.............................................

Prix/m : ...................................

Repassage : ....................................................

Nettoyage : .....................................................

Sèche-linge : ...................................................

Lavé :   ⭕ oui   ⭕ non

## Idées de réalisation / Notes

| Utilisable pour : | | | |
|---|---|---|---|
| Pantalon ☐ ......... | ☐ ......... | ☐ ......... | ☐ |
| Jupe ☐ ......... | ☐ ......... | ☐ ......... | ☐ |
| Robe ☐ ......... | ☐ ......... | ☐ ......... | ☐ |

Mercerie assortie : ............................................

........................................................................

# 🧵 Fiche tissu n°

**Collez votre échantillon ici**

Nom du tissu : ..................................................

Description : ....................................................

Composition : ..................................................

Couleur : ..........................................................

Poids (g/m²) : ..................................................

Propriétés, toucher, surface, tenue : ..............

..........................................................................

Laize : ..............................................................

Métrage disponible : ......................................

Stockage : ........................................................

Repassage : ......................................................

Nettoyage : ......................................................

Sèche-linge : ....................................................

Lavé :   ◯ oui    ◯ non

Acheté le : ..................................

Fournisseur : ..............................

..........................................................

Prix/m : ......................................

### Idées de réalisation / Notes

. . . . . . . . . . . . . . . . . . . . . . . . . . . . . . . . . . . . . . . . . . . . . . . . . . . . . . . . . . . . . . . . . . . . . . . . . . . . . . . . . . . . . . . . . . . . . . . . . . . . . . . . . . . . . . . . . . . . . . . . . . . . . . . . . . . . . . . . . . . . . . . . . . . . . . . . . . . . . . . . . . . . . . . . . . . . . . . . . . . . . . . . . . . . . . . . . . . . . . . . . . . . . . . . . . . . . . . . . . . . . . . . . . . . . . . . . . . . .

| Utilisable pour : | | | | |
|---|---|---|---|---|
| Pantalon ☐ | ........ | ☐ ........ | ☐ ........ | ☐ ........ |
| Jupe ☐ | ........ | ☐ ........ | ☐ ........ | ☐ ........ |
| Robe ☐ | ........ | ☐ ........ | ☐ ........ | ☐ ........ |

Mercerie assortie : ..........................................................................

..........................................................................................................

# 📜 Fiche tissu n°

**collez votre échantillon ici**

Nom du tissu : ..............................................................

Description : ................................................................

Composition : ...............................................................

Couleur : ......................................................................

Poids (g/m²) : ...............................................................

Propriétés, toucher, surface, tenue : ........................
..........................................................................................

Laize : ..........................................................................

Métrage disponible : ...................................................

Stockage : ...................................................................

Acheté le : ..................................................................

Repassage : ................................................................

Fournisseur : ...............................................................

Nettoyage : .................................................................

Sèche-linge : ..............................................................

Prix/m : ........................................................................

Lavé :   ○ oui    ○ non

## Idées de réalisation / Notes

. . . . . . . . . . . . . . . . . . . . . . . . . . . . . . . . . . . . . . . . . . . .
. . . . . . . . . . . . . . . . . . . . . . . . . . . . . . . . . . . . . . . . . . . .
. . . . . . . . . . . . . . . . . . . . . . . . . . . . . . . . . . . . . . . . . . . .
. . . . . . . . . . . . . . . . . . . . . . . . . . . . . . . . . . . . . . . . . . . .
. . . . . . . . . . . . . . . . . . . . . . . . . . . . . . . . . . . . . . . . . . . .

Utilisable pour :

| | | | |
|---|---|---|---|
| Pantalon ☐ ........ | ☐ ........ | ☐ ........ | ☐ ........ |
| Jupe ☐ ........ | ☐ ........ | ☐ ........ | ☐ ........ |
| Robe ☐ ........ | ☐ ........ | ☐ ........ | ☐ ........ |

Mercerie assortie : ....................................................
........................................................................................

# Fiche tissu n°

Collez votre échantillon ici

Nom du tissu : ........................................................

Description : ........................................................

Composition : ........................................................

Couleur : ........................................................

Poids (g/m²) : ........................................................

Propriétés, toucher, surface, tenue : ........................................................

........................................................

Laize : ........................................................

Métrage disponible : ........................................................

Stockage : ........................................................

Repassage : ........................................................

Nettoyage : ........................................................

Sèche-linge : ........................................................

Lavé :   ◯ oui   ◯ non

Acheté le : ........................................................

Fournisseur : ........................................................

Prix/m : ........................................................

## Idées de réalisation / Notes

Utilisable pour :

- Pantalon ☐ ............  ☐ ............  ☐ ............  ☐
- Jupe ☐ ............  ☐ ............  ☐ ............  ☐
- Robe ☐ ............  ☐ ............  ☐ ............  ☐

Mercerie assortie : ........................................................

# Fiche tissu n°

collez votre échantillon ici

Nom du tissu : ........................................................

Description : ........................................................

Composition : ........................................................

Couleur : ........................................................

Poids (g/m²) : ........................................................

Propriétés, toucher, surface, tenue : ........................................................

........................................................

Laize : ........................................................

Métrage disponible : ........................................................

Stockage : ........................................................

Acheté le : ........................................................

Repassage : ........................................................

Fournisseur : ........................................................

Nettoyage : ........................................................

........................................................

Sèche-linge : ........................................................

Prix/m : ........................................................

Lavé :  ◯ oui    ◯ non

## Idées de réalisation / Notes

Utilisable pour :

Pantalon ☐ ........  ☐ ........  ☐ ........  ☐

Jupe ☐ ........  ☐ ........  ☐ ........  ☐

Robe ☐ ........  ☐ ........  ☐ ........  ☐

Mercerie assortie : ........................................................

........................................................

# Fiche tissu n°

collez votre échantillon ici

Nom du tissu : ........................................................

Description : .........................................................

Composition : ........................................................

Couleur : ..............................................................

Poids (g/m²) : .......................................................

Propriétés, toucher, surface, tenue : ....................
..............................................................................

Laize : ..................................................................

Métrage disponible : ............................................

Stockage : ...........................................................

Repassage : .........................................................

Nettoyage : .........................................................

Sèche-linge : ........................................................

Lavé :   ○ oui   ○ non

Acheté le : ...........................................................
Fournisseur : .......................................................
..............................................................................
Prix/m : ................................................................

## Idées de réalisation / Notes

Utilisable pour :
- Pantalon ☐ .......... ☐ .......... ☐ .......... ☐
- Jupe ☐ .......... ☐ .......... ☐ .......... ☐
- Robe ☐ .......... ☐ .......... ☐ .......... ☐

Mercerie assortie : ..............................................

# 🗞 Fiche tissu n°

**collez votre échantillon ici**

Nom du tissu : ..........................................................

Description : ..........................................................

Composition : ..........................................................

Couleur : ..........................................................

Poids (g/m$^2$) : ..........................................................

Propriétés, toucher, surface, tenue : ..........................................................

..........................................................

Laize : ..........................................................

Métrage disponible : ..........................................................

Stockage : ..........................................................

Acheté le : ..........................................................

Repassage : ..........................................................

Fournisseur : ..........................................................

Nettoyage : ..........................................................

..........................................................

Sèche-linge : ..........................................................

Prix/m : ..........................................................

Lavé :  ◯ oui   ◯ non

## Idées de réalisation / Notes

| Utilisable pour : | | | | |
|---|---|---|---|---|
| Pantalon | ☐ ......... | ☐ ......... | ☐ ......... | ☐ |
| Jupe | ☐ ......... | ☐ ......... | ☐ ......... | ☐ |
| Robe | ☐ ......... | ☐ ......... | ☐ ......... | ☐ |

Mercerie assortie : ..........................................................

..........................................................

# 🗐 Fiche tissu n°

**Collez votre échantillon ici**

Nom du tissu : ................................................

Description : ..................................................

Composition : ..................................................

Couleur : .......................................................

Poids (g/m²) : ................................................

Propriétés, toucher, surface, tenue : ..............
........................................................................

Laize : ...........................................................

Métrage disponible : ....................................

Stockage : ....................................................

Repassage : .................................................

Nettoyage : .................................................

Sèche-linge : ...............................................

Lavé :   ○ oui    ○ non

Acheté le : ...................................................
Fournisseur : ................................................
........................................................................
Prix/m : .........................................................

## Idées de réalisation / Notes

Utilisable pour :

Pantalon ☐ .................... ☐ .................... ☐ .................... ☐
Jupe ☐ .................... ☐ .................... ☐ .................... ☐
Robe ☐ .................... ☐ .................... ☐ .................... ☐

Mercerie assortie : ........................................................
........................................................................

# Fiche tissu n°

collez votre échantillon ici

Nom du tissu : ........................................................

Description : ........................................................

Composition : ........................................................

Couleur : ........................................................

Poids (g/m²) : ........................................................

Propriétés, toucher, surface, tenue : ........................................................

Laize : ........................................................

Métrage disponible : ........................................................

Stockage : ........................................................

Repassage : ........................................................

Nettoyage : ........................................................

Sèche-linge : ........................................................

Acheté le : ........................................................

Fournisseur : ........................................................

Prix/m : ........................................................

Lavé : ◯ oui  ◯ non

## Idées de réalisation / Notes

Utilisable pour :
- Pantalon ☐ .......... ☐ .......... ☐ .......... ☐
- Jupe ☐ .......... ☐ .......... ☐ .......... ☐
- Robe ☐ .......... ☐ .......... ☐ .......... ☐

Mercerie assortie : ........................................................

# 🗞 Fiche tissu n°

collez
votre échantillon
ici

Acheté le : ...............................
Fournisseur : ...............................
...............................
Prix/m : ...............................

Nom du tissu : ...............................
Description : ...............................
Composition : ...............................
Couleur : ...............................
Poids (g/m²) : ...............................
Propriétés, toucher, surface, tenue : ...............................
...............................
Laize : ...............................
Métrage disponible : ...............................
Stockage : ...............................
Repassage : ...............................
Nettoyage : ...............................
Sèche-linge : ...............................
Lavé :   ◯ oui   ◯ non

## Idées de réalisation / Notes

Utilisable pour :
Pantalon ☐ ............  ☐ ............  ☐ ............  ☐ ............
Jupe ☐ ............  ☐ ............  ☐ ............  ☐ ............
Robe ☐ ............  ☐ ............  ☐ ............  ☐ ............

Mercerie assortie : ...............................
...............................

# 🧵 Fiche tissu n°

```
collez
votre échantillon
ici
```

Nom du tissu : ........................................................

Description : ........................................................

Composition : ........................................................

Couleur : ........................................................

Poids (g/m²) : ........................................................

Propriétés, toucher, surface, tenue : ........................................................

........................................................

Laize : ........................................................

Métrage disponible : ........................................................

Stockage : ........................................................

Acheté le : ........................................................

Repassage : ........................................................

Fournisseur : ........................................................

Nettoyage : ........................................................

........................................................

Sèche-linge : ........................................................

Prix/m : ........................................................

Lavé :   ◯ oui   ◯ non

## Idées de réalisation / Notes

. . . . . . . . . . . . . . . . . . . . . . . . . . .
. . . . . . . . . . . . . . . . . . . . . . . . . . .
. . . . . . . . . . . . . . . . . . . . . . . . . . .
. . . . . . . . . . . . . . . . . . . . . . . . . . .
. . . . . . . . . . . . . . . . . . . . . . . . . . .

Utilisable pour :

Pantalon ☐ ............ ☐ ............ ☐ ............ ☐

Jupe ☐ ............ ☐ ............ ☐ ............ ☐

Robe ☐ ............ ☐ ............ ☐ ............ ☐

Mercerie assortie : ........................................................

........................................................

# 🗒 Fiche tissu n°

collez votre échantillon ici

Nom du tissu : ........................................................

Description : .........................................................

Composition : ........................................................

Couleur : ...............................................................

Poids (g/m²) : .......................................................

Propriétés, toucher, surface, tenue : ...............
................................................................................

Laize : ...................................................................

Métrage disponible : ..........................................

Stockage : .............................................................

Acheté le : ..........................................

Fournisseur : ......................................
..............................................................

Prix/m : ...............................................

Repassage : ..........................................................

Nettoyage : ..........................................................

Sèche-linge : .......................................................

Lavé :   ◯ oui   ◯ non

## Idées de réalisation / Notes

. . . . . . . . . . . . . . . . . . . . . . . . .
. . . . . . . . . . . . . . . . . . . . . . . . .
. . . . . . . . . . . . . . . . . . . . . . . . .
. . . . . . . . . . . . . . . . . . . . . . . . .
. . . . . . . . . . . . . . . . . . . . . . . . .

Utilisable pour :

Pantalon ☐ ............ ☐ ............ ☐ ............ ☐
Jupe ☐ ............ ☐ ............ ☐ ............ ☐
Robe ☐ ............ ☐ ............ ☐ ............ ☐

Mercerie assortie : ..............................................................................

........................................................................................................................

# Fiche tissu n°

**collez votre échantillon ici**

Nom du tissu : ........................................................

Description : ..........................................................

Composition : .........................................................

Couleur : ................................................................

Poids (g/m²) : .........................................................

Propriétés, toucher, surface, tenue : ....................

................................................................................

Laize : ....................................................................

Métrage disponible : ............................................

Stockage : .............................................................

Acheté le : ........................

Fournisseur : ............................

..................................................

Prix/m : ...............................

Repassage : ..........................................................

Nettoyage : ...........................................................

Sèche-linge : .........................................................

Lavé :   ◯ oui   ◯ non

## Idées de réalisation / Notes

**Utilisable pour :**

- Pantalon ☐ ............ ☐ ............ ☐ ............ ☐
- Jupe ☐ ............ ☐ ............ ☐ ............ ☐
- Robe ☐ ............ ☐ ............ ☐ ............ ☐

Mercerie assortie : ..............................................

..................................................................................

# 🧵 Fiche tissu n°

```
┌─────────────────────┐
│                     │
│                     │
│      collez         │
│  votre échantillon  │
│        ici          │
│                     │
│                     │
│                     │
└─────────────────────┘
```

Nom du tissu : ...........................................

Description : ...........................................

Composition : ...........................................

Couleur : ...........................................

Poids (g/m²) : ...........................................

Propriétés, toucher, surface, tenue : ................

...........................................

Laize : ...........................................

Métrage disponible : ...........................................

Stockage : ...........................................

Acheté le : ...........................................

Fournisseur : ...........................................

...........................................

Prix/m : ...........................................

Repassage : ...........................................

Nettoyage : ...........................................

Sèche-linge : ...........................................

Lavé :   ◯ oui   ◯ non

## Idées de réalisation / Notes

. . . . . . . . . . . . . . . . . . . . .
. . . . . . . . . . . . . . . . . . . . .
. . . . . . . . . . . . . . . . . . . . .
. . . . . . . . . . . . . . . . . . . . .
. . . . . . . . . . . . . . . . . . . . .

┌─────────────────────────────────────────────────────────┐
│ Utilisable pour :                                        │
│                                                          │
│ Pantalon ☐ ............  ☐ ............  ☐ ............  ☐ │
│    Jupe  ☐ ............  ☐ ............  ☐ ............  ☐ │
│    Robe  ☐ ............  ☐ ............  ☐ ............  ☐ │
└─────────────────────────────────────────────────────────┘

Mercerie assortie : ...........................................

...........................................

# 🗒 Fiche tissu n°

collez
votre échantillon
ici

Acheté le : ..................
Fournisseur : ..................
..................
Prix/m : ..................

Nom du tissu : ..................
Description : ..................
Composition : ..................
Couleur : ..................
Poids (g/m²) : ..................
Propriétés, toucher, surface, tenue : ..................
..................
Laize : ..................
Métrage disponible : ..................
Stockage : ..................
Repassage : ..................
Nettoyage : ..................
Sèche-linge : ..................
Lavé :  ○ oui   ○ non

## Idées de réalisation / Notes

Utilisable pour :

| | | | |
|---|---|---|---|
| Pantalon ☐ .......... | ☐ .......... | ☐ .......... | ☐ |
| Jupe ☐ .......... | ☐ .......... | ☐ .......... | ☐ |
| Robe ☐ .......... | ☐ .......... | ☐ .......... | ☐ |

Mercerie assortie : ..................
..................

# Fiche tissu n°

collez
votre échantillon
ici

Nom du tissu : ......................................................................

Description : ......................................................................

Composition : ....................................................................

Couleur : ..........................................................................

Poids (g/m²) : ....................................................................

Propriétés, toucher, surface, tenue : ...............................
..........................................................................................

Laize : ..............................................................................

Métrage disponible : .......................................................

Stockage : .......................................................................

Acheté le : .......................................................

Fournisseur : ...................................................
..........................................................................

Prix/m : ............................................................

Repassage : ....................................................................

Nettoyage : .....................................................................

Sèche-linge : ...................................................................

Lavé :   ○ oui   ○ non

## Idées de réalisation / Notes

Utilisable pour :

Pantalon ☐ .................. ☐ .................. ☐ .................. ☐
Jupe ☐ .................. ☐ .................. ☐ .................. ☐
Robe ☐ .................. ☐ .................. ☐ .................. ☐

Mercerie assortie : ........................................................................

# 🗞 Fiche tissu n°

**collez votre échantillon ici**

Nom du tissu : ..........................................................

Description : ............................................................

Composition : ...........................................................

Couleur : ...................................................................

Poids (g/m²) : ..........................................................

Propriétés, toucher, surface, tenue : ...................

..................................................................................

Laize : .......................................................................

Métrage disponible : ............................................

Stockage : ................................................................

Acheté le : ..............................

Fournisseur : ..........................

.................................................

Prix/m : ...................................

Repassage : .............................................................

Nettoyage : .............................................................

Sèche-linge : ..........................................................

Lavé :   ◯ oui    ◯ non

## Idées de réalisation / Notes

### Utilisable pour :

- Pantalon ☐  ☐  ☐  ☐
- Jupe ☐  ☐  ☐  ☐
- Robe ☐  ☐  ☐  ☐

Mercerie assortie : ..................................................

..................................................................................

# Fiche tissu n°

Collez votre échantillon ici

Nom du tissu : ..........................................................

Description : ..........................................................

Composition : ..........................................................

Couleur : ..........................................................

Poids (g/m²) : ..........................................................

Propriétés, toucher, surface, tenue : ..........................................................

..........................................................

Laize : ..........................................................

Métrage disponible : ..........................................................

Stockage : ..........................................................

Repassage : ..........................................................

Nettoyage : ..........................................................

Sèche-linge : ..........................................................

Lavé :   ○ oui   ○ non

Acheté le : ..........................................................
Fournisseur : ..........................................................
..........................................................
Prix/m : ..........................................................

## Idées de réalisation / Notes

. . . . . . . . . . . . . . . . . . . . . . . .
. . . . . . . . . . . . . . . . . . . . . . . .
. . . . . . . . . . . . . . . . . . . . . . . .
. . . . . . . . . . . . . . . . . . . . . . . .
. . . . . . . . . . . . . . . . . . . . . . . .

Utilisable pour :

- Pantalon ☐ .......... ☐ .......... ☐ .......... ☐
- Jupe ☐ .......... ☐ .......... ☐ .......... ☐
- Robe ☐ .......... ☐ .......... ☐ .......... ☐

Mercerie assortie : ..........................................................

..........................................................

# 🧵 Fiche tissu n°

```
collez
votre échantillon
ici
```

Nom du tissu : ..............................................................

Description : ................................................................

Composition : ...............................................................

Couleur : ......................................................................

Poids (g/m²) : ..............................................................

Propriétés, toucher, surface, tenue : .......................

........................................................................................

Laize : ..........................................................................

Métrage disponible : ................................................

Stockage : ...................................................................

Acheté le : ...........................................

Fournisseur : ......................................

............................................................

Prix/m : ................................................

Repassage : ................................................................

Nettoyage : ................................................................

Sèche-linge : ..............................................................

Lavé :   ◯ oui    ◯ non

## Idées de réalisation / Notes

Utilisable pour :

- Pantalon ☐ ................ ☐ ................ ☐ ................ ☐
- Jupe ☐ ................ ☐ ................ ☐ ................ ☐
- Robe ☐ ................ ☐ ................ ☐ ................ ☐

Mercerie assortie : ....................................................

# Fiche tissu n°

collez votre échantillon ici

Nom du tissu : ..................................................

Description : ....................................................

Composition : ...................................................

Couleur : ..........................................................

Poids (g/m²) : ...................................................

Propriétés, toucher, surface, tenue : ................
................................................................................

Laize : ..............................................................

Métrage disponible : ......................................

Stockage : .......................................................

Repassage : ....................................................

Nettoyage : .....................................................

Sèche-linge : ..................................................

Lavé :   ○ oui    ○ non

Acheté le : ......................................

Fournisseur : ...................................
............................................................

Prix/m : ...........................................

## Idées de réalisation / Notes

Utilisable pour :

Pantalon ☐ ............ ☐ ............ ☐ ............ ☐ ............
Jupe ☐ ............ ☐ ............ ☐ ............ ☐ ............
Robe ☐ ............ ☐ ............ ☐ ............ ☐ ............

Mercerie assortie : ..................................................

# 🧵 Fiche tissu n°

|   |
|---|
| collez votre échantillon ici |

Nom du tissu : ..................................................

Description : ....................................................

Composition : ...................................................

Couleur : ........................................................

Poids (g/m²) : ..................................................

Propriétés, toucher, surface, tenue : ...................

..................................................................

Laize : ...........................................................

Métrage disponible : .........................................

Stockage : ......................................................

Acheté le : ..................

Repassage : ...................................................

Fournisseur : ..................

Nettoyage : ....................................................

.................................

Sèche-linge : ..................................................

Prix/m : ........................

Lavé :  ◯ oui   ◯ non

## Idées de réalisation / Notes

..................................................................
..................................................................
..................................................................
..................................................................

**Utilisable pour :**

| Pantalon ☐ | ........ ☐ | ........ ☐ | ........ ☐ | ........ ☐ |
| Jupe ☐ | ........ ☐ | ........ ☐ | ........ ☐ | ........ ☐ |
| Robe ☐ | ........ ☐ | ........ ☐ | ........ ☐ | ........ ☐ |

Mercerie assortie : ...........................................

..................................................................

# Fiche tissu n°

collez votre échantillon ici

Acheté le : ..................................
Fournisseur : ..................................
..................................
Prix/m : ..................................

Nom du tissu : ..................................
Description : ..................................
Composition : ..................................
Couleur : ..................................
Poids (g/m²) : ..................................
Propriétés, toucher, surface, tenue : ..................................
..................................
Laize : ..................................
Métrage disponible : ..................................
Stockage : ..................................
Repassage : ..................................
Nettoyage : ..................................
Sèche-linge : ..................................
Lavé :  ◯ oui   ◯ non

## Idées de réalisation / Notes

Utilisable pour :
Pantalon ☐ .......... ☐ .......... ☐ .......... ☐ ..........
Jupe ☐ .......... ☐ .......... ☐ .......... ☐ ..........
Robe ☐ .......... ☐ .......... ☐ .......... ☐ ..........

Mercerie assortie : ..................................

# Fiche tissu n°

Collez votre échantillon ici

Nom du tissu : ..............................................................

Description : ..................................................................

Composition : .................................................................

Couleur : ........................................................................

Poids (g/m²) : .................................................................

Propriétés, toucher, surface, tenue : ...........................
........................................................................................

Laize : ............................................................................

Métrage disponible : .....................................................

Stockage : ......................................................................

Acheté le : ..............................

Repassage : ...................................................................

Fournisseur : ..........................

Nettoyage : ....................................................................

..................................................

Sèche-linge : ..................................................................

Prix/m : ....................................

Lavé :   ○ oui    ○ non

### Idées de réalisation / Notes

..........................................................................................
..........................................................................................
..........................................................................................
..........................................................................................
..........................................................................................

**Utilisable pour :**

| Pantalon ☐ | ☐ ............... | ☐ ............... | ☐ ............... |
| Jupe ☐ | ☐ ............... | ☐ ............... | ☐ ............... |
| Robe ☐ | ☐ ............... | ☐ ............... | ☐ ............... |

Mercerie assortie : .........................................................

..........................................................................................

# Fiche tissu n°

*collez votre échantillon ici*

Nom du tissu : ..................................................

Description : ....................................................

Composition : ...................................................

Couleur : .........................................................

Poids (g/m²) : ..................................................

Propriétés, toucher, surface, tenue : ....................
................................................................

Laize : ............................................................

Métrage disponible : ........................................

Stockage : ......................................................

Repassage : ....................................................

Nettoyage : ....................................................

Sèche-linge : ..................................................

Lavé :   ○ oui   ○ non

Acheté le : .....................................................
Fournisseur : ..................................................
.......................................................................
Prix/m : ..........................................................

## Idées de réalisation / Notes

................................................................
................................................................
................................................................
................................................................
................................................................

Utilisable pour :

Pantalon ☐ ........... ☐ ........... ☐ ........... ☐
Jupe ☐ ........... ☐ ........... ☐ ........... ☐
Robe ☐ ........... ☐ ........... ☐ ........... ☐

Mercerie assortie : ..........................................

................................................................

# 🧵 Fiche tissu n°

**Collez votre échantillon ici**

Nom du tissu : ..................................................................

Description : ....................................................................

Composition : ..................................................................

Couleur : ..........................................................................

Poids (g/m²) : ..................................................................

Propriétés, toucher, surface, tenue : .............................
..........................................................................................

Laize : ..............................................................................

Métrage disponible : ......................................................

Stockage : ........................................................................

Acheté le : ........................................................................

Repassage : .....................................................................

Fournisseur : ....................................................................

Nettoyage : ......................................................................

Sèche-linge : ...................................................................

Prix/m : ..............................................................................

Lavé :   ◯ oui     ◯ non

### Idées de réalisation / Notes

| Utilisable pour : | | | | |
|---|---|---|---|---|
| Pantalon ☐ | ........... | ☐ ........... | ☐ ........... | ☐ |
| Jupe ☐ | ........... | ☐ ........... | ☐ ........... | ☐ |
| Robe ☐ | ........... | ☐ ........... | ☐ ........... | ☐ |

Mercerie assortie : ..........................................................
..........................................................................................

# Fiche tissu n°

Collez votre échantillon ici

Nom du tissu : ....................................................

Description : ......................................................

Composition : ....................................................

Couleur : ...........................................................

Poids (g/m²) : ....................................................

Propriétés, toucher, surface, tenue : ................

..............................................................................

Laize : ................................................................

Métrage disponible : .........................................

Stockage : .........................................................

Repassage : ......................................................

Nettoyage : .......................................................

Sèche-linge : .....................................................

Lavé :   ○ oui    ○ non

Acheté le : ........................................................

Fournisseur : .....................................................

Prix/m : ..............................................................

## Idées de réalisation / Notes

Utilisable pour :

- Pantalon ☐ .......... ☐ .......... ☐ .......... ☐
- Jupe ☐ .......... ☐ .......... ☐ .......... ☐
- Robe ☐ .......... ☐ .......... ☐ .......... ☐

Mercerie assortie : ............................................

..............................................................................

# Fiche tissu n°

collez votre échantillon ici

Nom du tissu : ...........................................

Description : ............................................

Composition : ...........................................

Couleur : ..................................................

Poids (g/m²) : ............................................

Propriétés, toucher, surface, tenue : ...........
...............................................................

Laize : .......................................................

Métrage disponible : ................................

Stockage : ................................................

Acheté le : ................................................

Fournisseur : .............................................

Repassage : ..............................................

Nettoyage : ...............................................

Sèche-linge : .............................................

Prix/m : .....................................................

Lavé :   ◯ oui   ◯ non

## Idées de réalisation / Notes

Utilisable pour :

Pantalon ☐ .......... ☐ .......... ☐ .......... ☐
Jupe ☐ .......... ☐ .......... ☐ .......... ☐
Robe ☐ .......... ☐ .......... ☐ .......... ☐

Mercerie assortie : ....................................
...............................................................

# Fiche tissu n°

collez votre échantillon ici

Acheté le : ..................
Fournisseur : ..................
..................
Prix/m : ..................

Nom du tissu : ..................

Description : ..................

Composition : ..................

Couleur : ..................

Poids (g/m²) : ..................

Propriétés, toucher, surface, tenue : ..................
..................

Laize : ..................

Métrage disponible : ..................

Stockage : ..................

Repassage : ..................

Nettoyage : ..................

Sèche-linge : ..................

Lavé :   ◯ oui   ◯ non

## Idées de réalisation / Notes

**Utilisable pour :**

| | | | |
|---|---|---|---|
| Pantalon ☐ | ☐ | ☐ | ☐ |
| Jupe ☐ | ☐ | ☐ | ☐ |
| Robe ☐ | ☐ | ☐ | ☐ |

Mercerie assortie : ..................

# Fiche tissu n°

collez votre échantillon ici

Nom du tissu : ..................................................

Description : ....................................................

Composition : ...................................................

Couleur : ........................................................

Poids (g/m²) : ..................................................

Propriétés, toucher, surface, tenue : ...............

..................................................................

Laize : ...........................................................

Métrage disponible : .......................................

Stockage : .....................................................

Acheté le : ....................................

Repassage : ..................................................

Fournisseur : .................................

Nettoyage : ...................................................

Sèche-linge : ................................................

Prix/m : ........................................

Lavé : ○ oui ○ non

## Idées de réalisation / Notes

**Utilisable pour :**

Pantalon ☐ .............. ☐ .............. ☐ .............. ☐

Jupe ☐ .............. ☐ .............. ☐ .............. ☐

Robe ☐ .............. ☐ .............. ☐ .............. ☐

Mercerie assortie : ..........................................

# Fiche tissu n°

collez votre échantillon ici

Acheté le : ..................................
Fournisseur : ..................................
..................................
Prix/m : ..................................

Nom du tissu : ..................................
Description : ..................................
Composition : ..................................
Couleur : ..................................
Poids (g/m²) : ..................................
Propriétés, toucher, surface, tenue : ..................................
..................................
Laize : ..................................
Métrage disponible : ..................................
Stockage : ..................................
Repassage : ..................................
Nettoyage : ..................................
Sèche-linge : ..................................
Lavé :   ◯ oui    ◯ non

## Idées de réalisation / Notes

Utilisable pour :
Pantalon ☐ .......... ☐ .......... ☐ .......... ☐
Jupe ☐ .......... ☐ .......... ☐ .......... ☐
Robe ☐ .......... ☐ .......... ☐ .......... ☐

Mercerie assortie : ..................................
..................................

# Fiche tissu n°

Collez votre échantillon ici

Acheté le : ..............................
Fournisseur : ..............................
..............................
Prix/m : ..............................

Nom du tissu : ..............................
Description : ..............................
Composition : ..............................
Couleur : ..............................
Poids (g/m²) : ..............................
Propriétés, toucher, surface, tenue : ..............................
..............................
Laize : ..............................
Métrage disponible : ..............................
Stockage : ..............................
Repassage : ..............................
Nettoyage : ..............................
Sèche-linge : ..............................
Lavé :  ○ oui   ○ non

## Idées de réalisation / Notes

Utilisable pour :
- Pantalon ☐ .................... ☐ .................... ☐ .................... ☐
- Jupe ☐ .................... ☐ .................... ☐ .................... ☐
- Robe ☐ .................... ☐ .................... ☐ .................... ☐

Mercerie assortie : ..............................
..............................

# Fiche tissu n°

collez votre échantillon ici

Acheté le : ..........................
Fournisseur : ..........................
..........................
Prix/m : ..........................

Nom du tissu : ..........................
Description : ..........................
Composition : ..........................
Couleur : ..........................
Poids (g/m²) : ..........................
Propriétés, toucher, surface, tenue : ..........................
..........................
Laize : ..........................
Métrage disponible : ..........................
Stockage : ..........................
Repassage : ..........................
Nettoyage : ..........................
Sèche-linge : ..........................
Lavé :   ◯ oui   ◯ non

## Idées de réalisation / Notes

Utilisable pour :
- Pantalon ☐ ..........  ☐ ..........  ☐ ..........  ☐
- Jupe ☐ ..........  ☐ ..........  ☐ ..........  ☐
- Robe ☐ ..........  ☐ ..........  ☐ ..........  ☐

Mercerie assortie : ..........................
..........................

# 🗐 Fiche tissu n°

**Collez votre échantillon ici**

Nom du tissu : ..................................................

Description : ....................................................

Composition : ...................................................

Couleur : .........................................................

Poids (g/m²) : ..................................................

Propriétés, toucher, surface, tenue : ..................
..........................................................................

Laize : ............................................................

Métrage disponible : ........................................

Stockage : .......................................................

Acheté le : .......................................

Fournisseur : ....................................

..........................................................

Prix/m : ............................................

Repassage : ....................................................

Nettoyage : .....................................................

Sèche-linge : ...................................................

Lavé :  ○ oui    ○ non

## Idées de réalisation / Notes

Utilisable pour :
- Pantalon ☐ .......... ☐ .......... ☐ .......... ☐
- Jupe ☐ .......... ☐ .......... ☐ .......... ☐
- Robe ☐ .......... ☐ .......... ☐ .......... ☐

Mercerie assortie : ..............................................
..........................................................................

# Fiche tissu n°

collez votre échantillon ici

Acheté le : ..........................
Fournisseur : ..........................
..........................
Prix/m : ..........................

Nom du tissu : ..........................
Description : ..........................
Composition : ..........................
Couleur : ..........................
Poids (g/m²) : ..........................
Propriétés, toucher, surface, tenue : ..........................
..........................
Laize : ..........................
Métrage disponible : ..........................
Stockage : ..........................
Repassage : ..........................
Nettoyage : ..........................
Sèche-linge : ..........................
Lavé :   ◯ oui   ◯ non

## Idées de réalisation / Notes

Utilisable pour :
Pantalon ☐ .......... ☐ .......... ☐ .......... ☐
Jupe ☐ .......... ☐ .......... ☐ .......... ☐
Robe ☐ .......... ☐ .......... ☐ .......... ☐

Mercerie assortie : ..........................
..........................

# Fiche tissu n°

collez votre échantillon ici

Nom du tissu : ........................................................

Description : ........................................................

Composition : ........................................................

Couleur : ........................................................

Poids (g/m²) : ........................................................

Propriétés, toucher, surface, tenue : ........................................................

........................................................

Laize : ........................................................

Métrage disponible : ........................................................

Stockage : ........................................................

Acheté le : ........................................................

Fournisseur : ........................................................

Repassage : ........................................................

Nettoyage : ........................................................

Sèche-linge : ........................................................

Prix/m : ........................................................

Lavé :  ○ oui   ○ non

## Idées de réalisation / Notes

Utilisable pour :
- Pantalon ☐ ............ ☐ ............ ☐ ............ ☐
- Jupe ☐ ............ ☐ ............ ☐ ............ ☐
- Robe ☐ ............ ☐ ............ ☐ ............ ☐

Mercerie assortie : ........................................................

# 🧻 Fiche tissu n°

> Collez votre échantillon ici

Nom du tissu : ..................................................

Description : ....................................................

Composition : ...................................................

Couleur : ..........................................................

Poids (g/m²) : ...................................................

Propriétés, toucher, surface, tenue : ................
..........................................................................

Laize : ..............................................................

Métrage disponible : .....................................

Stockage : .......................................................

Acheté le : ..................................

Fournisseur : .............................
..................................................

Prix/m : .......................................

Repassage : ....................................................

Nettoyage : ....................................................

Sèche-linge : ..................................................

Lavé :  ◯ oui   ◯ non

## Idées de réalisation / Notes

. . . . . . . . . . . . . . . . . . . . . . . .
. . . . . . . . . . . . . . . . . . . . . . . .
. . . . . . . . . . . . . . . . . . . . . . . .
. . . . . . . . . . . . . . . . . . . . . . . .
. . . . . . . . . . . . . . . . . . . . . . . .

Utilisable pour :

Pantalon ☐ ................ ☐ ................ ☐ ................ ☐
Jupe ☐ ................ ☐ ................ ☐ ................ ☐
Robe ☐ ................ ☐ ................ ☐ ................ ☐

Mercerie assortie : ........................................................................

..........................................................................................................

# 🗒 Fiche tissu n°

> collez
> votre échantillon
> ici

Nom du tissu : ..................................................................

Description : ....................................................................

Composition : ...................................................................

Couleur : ........................................................................

Poids (g/m²) : ..................................................................

Propriétés, toucher, surface, tenue : ......................................

..................................................................................

Laize : ..........................................................................

Métrage disponible : ........................................................

Stockage : .....................................................................

Acheté le : ..................

Repassage : ...................................................................

Fournisseur : .......................

Nettoyage : ....................................................................

..........................................................

Sèche-linge : .................................................................

Prix/m : ...................

Lavé :   ◯ oui   ◯ non

## Idées de réalisation / Notes

| Utilisable pour : | | | | |
|---|---|---|---|---|
| Pantalon ☐ | ............... ☐ | ............... ☐ | ............... ☐ | ☐ |
| Jupe ☐ | ............... ☐ | ............... ☐ | ............... ☐ | ☐ |
| Robe ☐ | ............... ☐ | ............... ☐ | ............... ☐ | ☐ |

Mercerie assortie : ..........................................................

.......................................................................................

# Fiche tissu n°

Collez votre échantillon ici

Acheté le : ..................................
Fournisseur : ..................................
..................................
Prix/m : ..................................

Nom du tissu : ..................................
Description : ..................................
Composition : ..................................
Couleur : ..................................
Poids (g/m²) : ..................................
Propriétés, toucher, surface, tenue : ..................................
..................................
Laize : ..................................
Métrage disponible : ..................................
Stockage : ..................................
Repassage : ..................................
Nettoyage : ..................................
Sèche-linge : ..................................
Lavé :   ◯ oui   ◯ non

## Idées de réalisation / Notes

Utilisable pour :
Pantalon ☐ .................. ☐ .................. ☐ .................. ☐
Jupe ☐ .................. ☐ .................. ☐ .................. ☐
Robe ☐ .................. ☐ .................. ☐ .................. ☐

Mercerie assortie : ..................................
..................................

# 🧵 Fiche tissu n°

collez votre échantillon ici

Nom du tissu : ..................................................

Description : ....................................................

Composition : ...................................................

Couleur : ..........................................................

Poids (g/m²) : ...................................................

Propriétés, toucher, surface, tenue : ................

..........................................................................

Laize : ..............................................................

Métrage disponible : .......................................

Stockage : ........................................................

Acheté le : ..................................

Repassage : .....................................................

Fournisseur : ..............................

Nettoyage : ......................................................

..................................................

Sèche-linge : ....................................................

Prix/m : .......................................

Lavé :   ○ oui   ○ non

## Idées de réalisation / Notes

**Utilisable pour :**

Pantalon ☐ .................. ☐ .................. ☐ .................. ☐

Jupe ☐ .................. ☐ .................. ☐ .................. ☐

Robe ☐ .................. ☐ .................. ☐ .................. ☐

Mercerie assortie : ..........................................................................

# 🗒 Fiche tissu n°

collez
votre échantillon
ici

Acheté le : ..................................

Fournisseur : ..................................

..................................

Prix/m : ..................................

Nom du tissu : ..................................

Description : ..................................

Composition : ..................................

Couleur : ..................................

Poids (g/m²) : ..................................

Propriétés, toucher, surface, tenue : ..................................

..................................

Laize : ..................................

Métrage disponible : ..................................

Stockage : ..................................

Repassage : ..................................

Nettoyage : ..................................

Sèche-linge : ..................................

Lavé :   ○ oui    ○ non

## Idées de réalisation / Notes

Utilisable pour :

Pantalon ☐ ............... ☐ ............... ☐ ............... ☐

Jupe ☐ ............... ☐ ............... ☐ ............... ☐

Robe ☐ ............... ☐ ............... ☐ ............... ☐

Mercerie assortie : ..................................

..................................

# Fiche tissu n°

collez votre échantillon ici

Acheté le : ..................................

Fournisseur : ..................................

..................................

Prix/m : ..................................

Nom du tissu : ..................................

Description : ..................................

Composition : ..................................

Couleur : ..................................

Poids (g/m²) : ..................................

Propriétés, toucher, surface, tenue : ..................................

..................................

Laize : ..................................

Métrage disponible : ..................................

Stockage : ..................................

Repassage : ..................................

Nettoyage : ..................................

Sèche-linge : ..................................

Lavé :  ○ oui   ○ non

## Idées de réalisation / Notes

---

Utilisable pour :

Pantalon ☐ .................... ☐ .................... ☐ .................... ☐

Jupe ☐ .................... ☐ .................... ☐ .................... ☐

Robe ☐ .................... ☐ .................... ☐ .................... ☐

Mercerie assortie : ..................................

..................................

# Fiche tissu n°

Collez votre échantillon ici

Nom du tissu : ..........................................

Description : ............................................

Composition : ...........................................

Couleur : ................................................

Poids (g/m²) : ..........................................

Propriétés, toucher, surface, tenue : ..............
..............................................................

Laize : ...................................................

Métrage disponible : ................................

Stockage : ..............................................

Repassage : ............................................

Nettoyage : .............................................

Sèche-linge : ...........................................

Acheté le : ..............................

Fournisseur : ...........................
..............................................

Prix/m : ...................................

Lavé :  ◯ oui   ◯ non

## Idées de réalisation / Notes

Utilisable pour :

- Pantalon ☐ .............. ☐ .............. ☐ .............. ☐
- Jupe ☐ .............. ☐ .............. ☐ .............. ☐
- Robe ☐ .............. ☐ .............. ☐ .............. ☐

Mercerie assortie : ........................................

# Fiche tissu n°

collez votre échantillon ici

Nom du tissu : ..................................................

Description : ....................................................

Composition : ...................................................

Couleur : ..........................................................

Poids (g/m²) : ...................................................

Propriétés, toucher, surface, tenue : ..................
..........................................................................

Laize : ..............................................................

Métrage disponible : .......................................

Stockage : ........................................................

Repassage : .....................................................

Nettoyage : ......................................................

Sèche-linge : ...................................................

Lavé :   ◯ oui    ◯ non

Acheté le : .......................................

Fournisseur : ...................................
..........................................................

Prix/m : ............................................

## Idées de réalisation / Notes

Utilisable pour :

Pantalon ☐ ............... ☐ ............... ☐ ............... ☐

Jupe ☐ ............... ☐ ............... ☐ ............... ☐

Robe ☐ ............... ☐ ............... ☐ ............... ☐

Mercerie assortie : ..........................................................................
..........................................................................

# Fiche tissu n°

Collez votre échantillon ici

Acheté le : ...........................................
Fournisseur : ........................................
Prix/m : .................................................

Nom du tissu : ....................................................
Description : ......................................................
Composition : ....................................................
Couleur : ............................................................
Poids (g/m²) : ....................................................
Propriétés, toucher, surface, tenue : ...............
............................................................................
Laize : ................................................................
Métrage disponible : .........................................
Stockage : .........................................................
Repassage : ......................................................
Nettoyage : .......................................................
Sèche-linge : ....................................................
Lavé :   ○ oui   ○ non

## Idées de réalisation / Notes

Utilisable pour :
Pantalon ☐  ........... ☐  ........... ☐  ........... ☐
Jupe ☐  ........... ☐  ........... ☐  ........... ☐
Robe ☐  ........... ☐  ........... ☐  ........... ☐

Mercerie assortie : ............................................

# Fiche tissu n°

Collez votre échantillon ici

Nom du tissu : ..................................................

Description : ....................................................

Composition : ...................................................

Couleur : .........................................................

Poids (g/m²) : ..................................................

Propriétés, toucher, surface, tenue : ................
..........................................................................

Laize : .............................................................

Métrage disponible : .......................................

Stockage : .......................................................

Acheté le : ..................................

Repassage : ....................................................

Fournisseur : ..............................
..........................................................

Nettoyage : .....................................................

Sèche-linge : ..................................................

Prix/m : .......................................

Lavé :  ○ oui   ○ non

## Idées de réalisation / Notes

Utilisable pour :

- Pantalon ☐ .................... ☐ .................... ☐ .................... ☐
- Jupe ☐ .................... ☐ .................... ☐ .................... ☐
- Robe ☐ .................... ☐ .................... ☐ .................... ☐

Mercerie assortie : ..........................................................................

# Fiche tissu n°

Collez votre échantillon ici

Acheté le : ...........................
Fournisseur : ...........................
...........................
Prix/m : ...........................

Nom du tissu : ...........................
Description : ...........................
Composition : ...........................
Couleur : ...........................
Poids (g/m²) : ...........................
Propriétés, toucher, surface, tenue : ...........................
...........................
Laize : ...........................
Métrage disponible : ...........................
Stockage : ...........................
Repassage : ...........................
Nettoyage : ...........................
Sèche-linge : ...........................
Lavé :   ◯ oui   ◯ non

## Idées de réalisation / Notes

**Utilisable pour :**
- Pantalon ☐ ..........  ☐ ..........  ☐ ..........  ☐
- Jupe ☐ ..........  ☐ ..........  ☐ ..........  ☐
- Robe ☐ ..........  ☐ ..........  ☐ ..........  ☐

Mercerie assortie : ...........................
...........................

# 📜 Fiche tissu n°

collez
votre échantillon
ici

Nom du tissu : ........................................................................

Description : ..........................................................................

Composition : ........................................................................

Couleur : ................................................................................

Poids (g/m²) : ........................................................................

Propriétés, toucher, surface, tenue : ................................

..................................................................................................

Laize : ....................................................................................

Métrage disponible : ............................................................

Stockage : ..............................................................................

Acheté le : ...........................

Fournisseur : ......................

..............................................

Prix/m : ................................

Repassage : ..........................................................................

Nettoyage : ..........................................................................

Sèche-linge : ........................................................................

Lavé :   ○ oui    ○ non

## Idées de réalisation / Notes

. . . . . . . . . . . . . . . . . . . . . . . . .
. . . . . . . . . . . . . . . . . . . . . . . . .
. . . . . . . . . . . . . . . . . . . . . . . . .
. . . . . . . . . . . . . . . . . . . . . . . . .
. . . . . . . . . . . . . . . . . . . . . . . . .

Utilisable pour :

Pantalon ☐   ............ ☐   ............ ☐   ............ ☐
Jupe ☐      ............ ☐   ............ ☐   ............ ☐
Robe ☐      ............ ☐   ............ ☐   ............ ☐

Mercerie assortie : ..........................................................................

..................................................................................................

# Fiche tissu n°

Collez votre échantillon ici

Nom du tissu : ..........................................................

Description : ............................................................

Composition : ...........................................................

Couleur : .................................................................

Poids (g/m²) : ..........................................................

Propriétés, toucher, surface, tenue : ......................

..................................................................................

Laize : ....................................................................

Métrage disponible : ............................................

Stockage : .............................................................

Repassage : ..........................................................

Nettoyage : ...........................................................

Sèche-linge : .........................................................

Lavé : ◯ oui  ◯ non

Acheté le : .............................................................
Fournisseur : .........................................................
..................................................................................
Prix/m : ..................................................................

## Idées de réalisation / Notes

Utilisable pour :
- Pantalon ☐ .......... ☐ .......... ☐ .......... ☐
- Jupe ☐ .......... ☐ .......... ☐ .......... ☐
- Robe ☐ .......... ☐ .......... ☐ .......... ☐

Mercerie assortie : ................................................

# 📜 Fiche tissu n°

**collez votre échantillon ici**

Nom du tissu : ..........................................................

Description : ............................................................

Composition : ...........................................................

Couleur : ..................................................................

Poids (g/m²) : ...........................................................

Propriétés, toucher, surface, tenue : .....................

..................................................................................

Laize : ......................................................................

Métrage disponible : ..............................................

Stockage : ...............................................................

Acheté le : ...............................

Fournisseur : ...........................

Repassage : ............................................................

Nettoyage : ............................................................

Sèche-linge : ..........................................................

Prix/m : ....................................

Lavé :   ○ oui   ○ non

## Idées de réalisation / Notes

..................................................................................
..................................................................................
..................................................................................
..................................................................................

**Utilisable pour :**

Pantalon ☐  ............  ☐  ............  ☐  ............  ☐

Jupe ☐  ............  ☐  ............  ☐  ............  ☐

Robe ☐  ............  ☐  ............  ☐  ............  ☐

Mercerie assortie : ..................................................

..................................................................................

# Fiche tissu n°

collez votre échantillon ici

Nom du tissu : ................................................

Description : ................................................

Composition : ................................................

Couleur : ................................................

Poids (g/m²) : ................................................

Propriétés, toucher, surface, tenue : ................

................................................................

Laize : ................................................

Métrage disponible : ................................................

Stockage : ................................................

Repassage : ................................................

Nettoyage : ................................................

Sèche-linge : ................................................

Acheté le : ................................................

Fournisseur : ................................................

Prix/m : ................................................

Lavé :  ○ oui    ○ non

## Idées de réalisation / Notes

. . . . . . . . . . . . . . . . . . . . . . . . . . . . . . . . . . . . . . . . . . . . . . . . . . . . . . . . . . . . . . . . . . . . . . . . . . . . . . . . . . . . . . . . . . . . . . . . . . . . . . . . . . . . . . . . . . . . . . . . . . . . . . . . . . . . . . . . . . . . . . . . . . . . . . . . . . . . . . . . . . . . . . . . . . . . . . . . . . . . . . . . . . . . . . . . . . . . . . . . . . . . . . . . . . . . . . . . . . . . . . . . . . . . . . . . . . . . . . . . . . . . . . . . . . . . . . . . . . . . . . . . . . . . . . . . . . . . . . . . . . . . . . . . . . . .

Utilisable pour :

Pantalon ☐ ............  ☐ ............  ☐ ............  ☐

Jupe ☐ ............  ☐ ............  ☐ ............  ☐

Robe ☐ ............  ☐ ............  ☐ ............  ☐

Mercerie assortie : ................................................

................................................................

# Fiche tissu n°

collez
votre échantillon
ici

Acheté le : ..................
Fournisseur : ..................
..................
Prix/m : ..................

Nom du tissu : ..................
Description : ..................
Composition : ..................
Couleur : ..................
Poids (g/m²) : ..................
Propriétés, toucher, surface, tenue : ..................
..................
Laize : ..................
Métrage disponible : ..................
Stockage : ..................
Repassage : ..................
Nettoyage : ..................
Sèche-linge : ..................
Lavé :   ◯ oui   ◯ non

## Idées de réalisation / Notes

**Utilisable pour :**

| | | | |
|---|---|---|---|
| Pantalon ☐ | ☐ .......... | ☐ .......... | ☐ .......... |
| Jupe ☐ | ☐ .......... | ☐ .......... | ☐ .......... |
| Robe ☐ | ☐ .......... | ☐ .......... | ☐ .......... |

Mercerie assortie : ..................
..................

# Fiche tissu n°

collez votre échantillon ici

Acheté le : ..................................
Fournisseur : ..................................
..................................
Prix/m : ..................................

Nom du tissu : ..................................
Description : ..................................
Composition : ..................................
Couleur : ..................................
Poids (g/m²) : ..................................
Propriétés, toucher, surface, tenue : ..................................
..................................
Laize : ..................................
Métrage disponible : ..................................
Stockage : ..................................
Repassage : ..................................
Nettoyage : ..................................
Sèche-linge : ..................................
Lavé :  ○ oui   ○ non

### Idées de réalisation / Notes

Utilisable pour :
- Pantalon ☐
- Jupe ☐
- Robe ☐

☐ .................. ☐ .................. ☐ .................. ☐
☐ .................. ☐ .................. ☐ .................. ☐
☐ .................. ☐ .................. ☐ .................. ☐

Mercerie assortie : ..................................

# 🧵 Fiche tissu n°

**collez votre échantillon ici**

Nom du tissu : ..............................................................

Description : ................................................................

Composition : ...............................................................

Couleur : .....................................................................

Poids (g/m²) : ...............................................................

Propriétés, toucher, surface, tenue : .............................

.....................................................................................

Laize : ........................................................................

Métrage disponible : ...................................................

Stockage : ..................................................................

Repassage : ...............................................................

Nettoyage : ................................................................

Sèche-linge : ..............................................................

Lavé :   ◯ oui    ◯ non

Acheté le : ..................................

Fournisseur : ...............................

..................................................

Prix/m : .......................................

## Idées de réalisation / Notes

Utilisable pour :

- Pantalon ☐ .................... ☐ .................... ☐ .................... ☐
- Jupe ☐ .................... ☐ .................... ☐ .................... ☐
- Robe ☐ .................... ☐ .................... ☐ .................... ☐

Mercerie assortie : ..............................................................................

..........................................................................................................

# 🗒️ Fiche tissu n°

collez
votre échantillon
ici

Nom du tissu : ........................................................

Description : ..........................................................

Composition : ........................................................

Couleur : ................................................................

Poids (g/m²) : ........................................................

Propriétés, toucher, surface, tenue : ................
...................................................................................

Laize : ....................................................................

Métrage disponible : ............................................

Stockage : .............................................................

Repassage : ..........................................................

Nettoyage : ...........................................................

Sèche-linge : ........................................................

Lavé :   ◯ oui    ◯ non

Acheté le : ............................................
Fournisseur : .......................................
............................................................
Prix/m : .................................................

## Idées de réalisation / Notes

### Utilisable pour :

- Pantalon ☐ ............ ☐ ............ ☐ ............ ☐
- Jupe ☐ ............ ☐ ............ ☐ ............ ☐
- Robe ☐ ............ ☐ ............ ☐ ............ ☐

Mercerie assortie : ............................................................
...................................................................................................

# 📜 Fiche tissu n°

**Collez votre échantillon ici**

Nom du tissu : ................................................

Description : ................................................

Composition : ................................................

Couleur : ................................................

Poids (g/m²) : ................................................

Propriétés, toucher, surface, tenue : ................

................................................

Laize : ................................................

Métrage disponible : ................................

Stockage : ................................................

Acheté le : ................................................

Fournisseur : ................................................

Repassage : ................................................

Nettoyage : ................................................

Sèche-linge : ................................................

Prix/m : ................................................

Lavé :  ◯ oui   ◯ non

## Idées de réalisation / Notes

**Utilisable pour :**

- Pantalon ☐ .............. ☐ .............. ☐ .............. ☐
- Jupe ☐ .............. ☐ .............. ☐ .............. ☐
- Robe ☐ .............. ☐ .............. ☐ .............. ☐

Mercerie assortie : ................................................

Printed in Poland
by Amazon Fulfillment
Poland Sp. z o.o., Wrocław
06 April 2024

7828f83a-1a80-4c86-8f68-74b23cba90aeR01